U0030052

沿用200多年，簡單又耐用的人際關係法則

富蘭克林效應

好人脈都是麻煩出來的，
幫過你的人，比你幫過的人，更願意再幫你！

陳允皓 著

【寫在前面】
好關係，靠麻煩

也許，這將顛覆你的固有認知。

200 多年前，美國開國元勳班傑明·富蘭克林說：「曾經幫過你一次忙的人，會比那些你幫助過的人更願意再幫你一次忙。想取得一個人的支持，尤其是圈子外的人的支持，那就先找他幫個忙，事情會出現意想不到的轉機。」

後來，這種神奇的心理現象，被人們稱為「富蘭克林效應」。

200 多年過去了，隨著心理學學科的發展，「富蘭克林效應」也一次次得到了驗證，這個顛覆人們原有認知的心理現象，如今廣泛運用在人際交往中。

原來，我們以為麻煩別人會給他帶來困擾，從而引起他的反感，所以我們盡量自己的事情自己做，甚至寧可選擇放棄，也不願意麻煩別人。實際上，好關係是麻煩出來的，沒有互相麻煩，關係就無法建立。讓他幫你一個忙，這會讓他感受到被認同和尊重，能夠拉近彼此的心理距離。

原來，我們以為天道酬勤，只要不斷付出就能得到回

報，所以在討他人喜歡時，我們總是習慣付出，結果往往卻不盡如人意。實際上，在社交圈付出的原理往往不適用，一味付出可能換不來回報，根據「富蘭克林效應」：**引導別人為你付出會更有效，人們在一件事情上付出愈多，對它的態度就會愈喜歡。**

偉大的文學家托爾斯泰也對這一效應深表贊同，他曾在《戰爭與和平》一書中寫道：「我們並不因為別人對我們的好而愛他們，而是因為自己對他們的好而愛他們。」

這一心理效應帶給人們認知上的升級，進而解釋了生活中的諸多問題：

為什麼會吵的小孩有糖吃？

為什麼合理麻煩別人，會擁有廣泛人脈？

為什麼善良的人卻容易被欺負？

為什麼恭維別人，會更加被瞧不起？

為什麼父母總是對我們無微不至地關愛？

為什麼親密關係中，付出愈多離愛愈遠？

…………

本書透過大眾心理學知識結合我對生活的洞察，深入分析人與人之間親密關係的建立與相處，透過認識自我，超越自我，轉變思維模式，進而提升自我價值感。這本書不是新興成功學或者勵志版心靈雞湯，不會告訴你如何通往成功之

路，更不會像傳統人際交往類書籍一般，教你如何察言觀色、圓滑處世、討好主管、人際厚黑學等老一輩已經被時代淘汰的觀點。

21 世紀的人際關係，應當建立在平等自由之上，這本書探討新時代人與人相處的模式，轉變固有思維，尊重每一種性格人群的自我選擇，突出人的個性與精準心理需求，人際交往的模式不應該是一成不變的，一個社會愈發達，就愈能顧及多元人群的心理感受。

在書中我將心理學知識通俗易懂地融入現實生活中，這不是一本專業的心理學書籍，而是一本人人都能讀懂的人際交往手冊。本書由富蘭克林的事蹟引出，深入解讀「富蘭克林效應」在生活中的應用，除此之外，還包含了人際交往、認知升級、自我提升、親密關係等內容，其中對生活中一些常見的困擾做出解答：

如何高情商的麻煩別人？

如何擁有被討厭的勇氣？

如何表達出自己的不滿？

如何戰勝社交焦慮，克服對陌生人的恐懼？

如何擁有共情能力，做到移情溝通？

如何有效打造個人品牌？

如何保持一段長久的親密關係？

如何用儀式感拯救無趣生活？

如何在生活中瞭解一個人的人品？

內向、高敏感人格如何找到自己的生存方式？

…………

我小的時候就能敏感地感知到別人的語言、動作、表情、語氣中表達的內在含義，這並不是一件值得炫耀的事情，共情能力太強，讓我一度陷入痛苦之中，我具備敏感型人格的所有缺點：玻璃心、內向、不敢表達、內心複雜、多愁善感……，由於能夠感知到別人的痛苦，我生怕因為自己的原因，給別人造成困擾。

就如太宰治所說：「太敏感的人會體諒他人的痛苦，自然就無法輕易做到坦率，所謂的坦率，其實就是暴力。」

我曾以為，我的一生都將因為性格的缺失，陷入這幫人無法理解的糾結之中，但我不甘，這樣的生活過於沉重，於是我學習了大量的心理學知識，對自己的內心做出反思和質疑，我發現這種性格不完全是一種缺陷，反而是一種能力：感知與體驗。

我知道性格難以改變，於是我盡量剔除性格中讓人厭惡的缺點：多疑、自卑、玻璃心、軟弱，並且發揚性格中的優點：共情力、洞察力、敏感力、獨處力……

透過這些年不斷對自己的內心進行改造，一方面我更能

感知這世間之美，心中漸漸從陰霾走向陽光自信，正因為我
有過這樣的經歷，所以更能體會內向型人格所面臨的困惑和
優勢。另一方面，我將多年對人性的洞察寫了下來，在社交
媒體上受到了好評，於是我打算將它們出版成冊，去影響更
多的人。

在觀察人群時，我發現不好意思打擾別人並不是一種美
德，躲在自己的世界裡，失去了與外界的聯繫，那些坐擁眾
多人脈關係的交際達人，卻喜歡和朋友們互相合作幫助，在
互相幫助中增進感情，達到目標，於是我總結出：好人脈，
是麻煩出來的！

後來在一次閱讀中，我發現了「富蘭克林效應」，這與
我的觀點不謀而合，就像跨越 200 多年的一次對話一般，
頓時我靈感大開，將自己的經驗與思考寫了下來。

高情商的社交關係，需要掌握人的心理感受，在保持自
我的同時，帶給人們舒適的心理體驗，認識自己，並且對自
己進行改造，讓平等、理解、包容、自信融進生活，融進我
們的骨子裡去。

人們常說一個人的「成熟」就是在於圓滑、功利、老
練，為了在這個社會生存，就需要隨著環境而改變自我，恕
我無法認同。

一個真正的能人，懂得如何保持自我的本心，用實力、

真心、品質、修養、格局來換取他人的信賴，贏得他人的認可，好的關係在於互相支持，互助共贏。新一代的年輕人有著一項艱巨的任務：轉變傳統的社交模式，構建和諧平等簡單的人際環境。

如果你能夠透過本書有一點思維上的轉變，我認為我的價值就已經得到體現，讓我們一起成為人群中堅持自我，互助友愛的人，建立自己的人格魅力，去傳染給更多的人，讓社會少一些歧視、偏見、惡意、不公，讓每一種性格特徵的人，都能得到充分的尊重和理解，允許人們有著更加多元的相處模式，我想這與你我都息息相關。

感謝你，陌生人。

/目次/

PART **1**

富蘭克林效應：好關係都是麻煩出來的

PART 2

別讓不好意思，錯失有效人脈

PART 3

保持分寸感，需要掌握關係邊界

PART **4**

建立個人品牌，成為不可或缺的人

PART 5

彼此需要，讓我們走得更近

PART 1

富蘭克林效應
好關係都是麻煩出來的

1

麻煩出的好關係
——獨立戰爭中的天才謀略家

👤 不麻煩別人，關係就無從建立

生活中，你是否遇到過這種現象：會吵的小孩有糖吃，家庭裡父母大多偏愛總是提要求的孩子；平時不願意麻煩別人的人，以為可以省去諸多麻煩，卻漸漸地變得被人孤立；而經常喜歡麻煩別人來回走動的人，反而人脈更廣、人緣更好。

許多人遇到事情不好意思打擾別人，所有事情都獨自承擔，久而久之就會故步自封，與外界斷了聯繫，中國民間有句俗話：「你不來我不往，就沒了來往。」人們在互相幫助中增進感情，不麻煩別人，關係就無法建立。更有意思的是，當我們想要和一個人結交時，不要為他做一件事，而是讓他為自己做一件事，效果會更好。

　　早在 200 多年前，美國開國元勛富蘭克林就洞察到了這一點。

　　18 世紀末期，富蘭克林還只是賓夕法尼亞州的一名議員，有一次他在賓夕法尼亞的議院發表演講時，其中有一位議員完全反對他的意見，也發表了一篇演講，並且十分激烈地批評了富蘭克林的觀點。這讓富蘭克林有些措手不及，但他又十分想爭取這位議員的認同。

　　富蘭克林知道這位議員固執難纏，自己又不願卑躬屈膝地向他示好，一時覺得非常難處理。過了一段時間，富蘭克林採用了這麼一種另類辦法，他打探到這位議員家中收藏了一本絕版的稀世珍書，於是他十分恭敬地寫了一封信，信中隻字未提政治上的意見，只是說自己對議員家的這本藏書興趣濃厚，不知能否借來看幾天？

　　令人意想不到的是，這位議員二話不說便把書送了過來，富蘭克林則於一週後歸還，並附上了一張字條，表達他的感激之情。

　　在這一借一還中，雙方的關係似乎產生了變化，接下來發生的事，如同富蘭克林事後描寫的：「當我們再次見面時，他跟我說話了（他以前從來沒有這麼做過），而且很有禮貌，後來他還向我表示，他隨時願意為我效勞。」

　　之後這位議員化敵為友，還在很多事情上表達了對富蘭

克林的認同，於是他們成了非常好的朋友，這種友誼持續了一生。

富蘭克林說：「曾經幫過你一次忙的人，會比那些你幫助過的人更願意再幫你一次忙。想取得一個人的支持，尤其是圈子外的人的支持，那就先找他幫個忙，事情會出現意想不到的轉機。」這種神奇的心理現象，被人們稱為「富蘭克林效應」。

後來心理學家和行銷學專家根據富蘭克林的經驗，將生活中的這種現象總結為：相對於被你幫助過的人，那些曾經幫助過你的人，會更願意再幫你一次。

這也印證了我們上述所說的，為什麼適當麻煩別人會令人與人之間的關係更加牢靠。富蘭克林在爭取國家利益的外交風雲中，更是將「富蘭克林效應」這一現象運用得淋漓盡致。

👤 精通人性，才能吃定任何人

1776 年，年過七旬的老人富蘭克林踏上了趕赴法國的巨輪，儘管年事已高，痛風和腎結石折磨著他。此時正值 18 世紀中後期，北美殖民地的資本主義經濟飛速發展，美利堅民族市場已經有了雛形，13 個殖民地開始聯合起來，

呼籲建立殖民地聯盟，為了脫離英國管制走向獨立，在
1775 年爆發了北美獨立戰爭。

在當時的國際背景下，英國打敗了西班牙，奪得了世界
霸主的地位，在英美戰爭初期，雙方軍事實力懸殊，經過一
年的戰役，美軍連連敗退，一時軍資匱乏，士兵衣不蔽體，
夜無氈毯，眼看就要淪陷，在這種緊迫的情況下，美方決定
尋求國際幫助，富蘭克林等人被派往法國。

法國是歐洲強國，但是屢屢受制於英國，失去了世界霸
權的機會，英、法兩國早已是結下梁子的死對頭，眼看英美
打得熱火朝天，法國必定暗自歡喜。此時富蘭克林如果能尋
求到法國的援助，是目前最好的方法。

如果說當時有些法國人說不清楚華盛頓的名字，的確情
有可原，但作為一位著名的科學家和思想家，富蘭克林早就
在整個歐洲家喻戶曉了。當這位慈善和藹的老人抵達巴黎
時，受到了法國人民的愛戴和歡迎，甚至掀起了一場「富蘭
克林熱」，當時法國的一些社會名流紛紛邀請他參加宴會和
沙龍，他的身分方便了他的外交工作，他藉此機會在公開場
合到處演講，希望透過社會輿論，取得人們對北美戰爭的同
情和支持。

然而，富蘭克林的外交工作遠沒有想像中簡單，法國並
沒有同意他提出的請求──簽訂軍事同盟，並展開友好通

商。究其原因，是因為當時局勢對美軍愈來愈不利，法國不想與實力龐大的「日不落」帝國公開作對，只是暗地裡給美軍一些軍事援助。既不想得罪英國，又不想看到英國勝利，只想坐收漁翁之利。

即便知道困難重重，但這並沒有撼動富蘭克林的信心，面對生性浪漫的法國人，他投其所好，用他的個人感染力，在觥籌交錯間築起了深廣的上流人脈關係網，並且多次麻煩法國外交官維爾仁，瞭解法國內部動態，仔細分析歐洲各國間的局勢，一來二去，他們成了感情深厚的「好兄弟」。

1777 年，美國人取得了有史以來最大的勝利——薩拉托加大捷。這一勝利讓戰爭形勢發生了改變，英國政府向富蘭克林遞出了橄欖枝，希望英、美兩方能夠在帝國之內高度自治原則下講和。

富蘭克林沒有及時答應，而是將這一消息透露給了法國宮廷，並言稱，如果講和，英國將繼續擁有美洲大陸的占有權，它將會實力大增，成為世界上最強大的國家，英國世界霸主的地位再也無法撼動了。

這讓法國上層惶惶不安，深恐分裂英國的絕好時機再難獲得，於是同意與美方簽訂《美法同盟條約》，開始承認並公開援助美國，加入美國作戰，獨立戰爭的轉捩點才拉開序幕。

讓他為你做一件事

美法同盟後，富蘭克林決定順水推舟，他和「好兄弟」法國外交官維爾仁開始在歐洲四處煽風點火，遊說各國為了自身利益加入戰爭。西班牙為了收回被英國占領的直布羅陀，率先以法國同盟軍的名義加入了對英戰爭。

後來又在富蘭克林和維爾仁的鼓動下，俄國沙皇聯合丹麥、瑞典，在 1780 年 2 月成立「武裝中立同盟」，之後普魯士、神聖羅馬帝國、荷蘭也先後加入，共同對付英國艦隊，打破英國的海上霸權。

原本只是一場英國的國家內戰，被富蘭克林生生弄成了各國圍攻英國的世界大戰，這才真正撼動了英國世界霸主的地位。

「世界潮流浩浩蕩蕩」，幾乎整個歐洲對英國實行了外交孤立，英國面臨四面楚歌，在 1781 年 10 月，北美軍在法軍的協助下，取得了約克鎮戰役的勝利，英國知道自己大勢已去，於是開始談和。就在各國準備簽訂合約時，美方又無事生非。

在談判過程中，法國和西班牙因為領土問題站在一起，與美國的利益產生了衝突，美方的一個代表約翰·傑伊覺得，既然法國與美國的利益有衝突，不如拋開法國，單獨和

英國談判，於是他沒有告知富蘭克林，就與英國單獨簽訂了初步和平條款，條約中英國承認北美獨立。然而這個擅自莽撞的行為，完全違背了美法同盟條約，說好的在一起，你美國卻自己偷偷來？法國自然不會同意，並且提出了強烈抗議。

這下可好了，萬一這時法國因此不再與美國合作，轉而去幫助英國，美國的獨立計畫可就功敗垂成了。為了修復美法關係，富蘭克林再次出馬，他寫信向維爾仁道歉並解釋了這一切，表示這個誤會差點讓英國坐收漁翁之利，這次事件讓英國誤以為離間了我們兩國的關係，可實際上我們兩國的關係依舊牢不可破。

為了證實這一點，富蘭克林又開始尋求法國的幫助，他在信上表示，懇請維爾仁為美國安排新的一筆貸款。不久後，600 萬里弗爾轉到了美國的帳上，就這樣利用「富蘭克林效應」緩和了美法之間的關係，又為美國贏得了一筆應急的財源。

📘 從暴君手中奪下民權

我們都知道，1783 年英美簽訂了《凡爾賽條約》，北美獨立戰爭最終取得了成功，美國也正式成為真正意義上的

國家，這離不開歐洲各國對美國直接或者間接的援助，而幕後的推波助瀾者，正是那位年過七旬的老人——富蘭克林。

作為一位天才謀略家，富蘭克林機智靈活，善用技巧並且深諳人性，他能洞察人性所需，並且巧妙地運籌帷幄，最終達到自己的目的。儘管在初入法國時困難重重，但是他依舊等待時機，不怕麻煩，直到取得了法國高層的信任，為日後的外交工作打下了基礎。

富蘭克林被認為是美國自由和獨立精神的象徵，人們稱他為「從天上奪下了雷電，從暴君手裡奪下民權」，作為一名集科學家、哲學家、政治家、文學家、出版家於一身的天才，為整個人類事業做出了諸多的貢獻，富蘭克林的生平事蹟和處世之道，帶給了我們諸多啟發。

例如他所發現的「**富蘭克林效應**」，懂得在麻煩別人的過程中，獲取他人信任從而增進與他人之間的情感，在 200 多年後的當代依舊受用，一味地付出換不來回報，麻煩一下他人，引導對方付出可能更有用。

不得不說，富蘭克林用科學的方法處理人際關係，幫助自己走向巔峰，最後笑著出現在 100 美元的紙幣上，他的精神滲透於整個美利堅合眾國。

2

好的人脈不怕麻煩，就怕沒聯繫

遇事靠自己，不是好習慣

在娛樂圈中，汪涵是「人脈王」的名聲可謂是家喻戶曉了，他不僅僅在娛樂圈結交廣泛，就連一些政界名人、商業大佬、王室後裔、科學家、院士……等，都在他的朋友圈裡。

幾年前，演員劉濤在丹麥參加品牌方的合作，房間裡的保險箱不慎被盜，裡面裝有價值人民幣 400 多萬元的珠寶首飾和現金，她向丹麥駐華大使館求助卻屢屢占線，一時間身在異國他鄉的劉濤感到極為無助。她在微博上發帖，希望能夠得到官方機構的幫助，這時就有網友留言：找汪涵，他和丹麥大使館熟。

就在覺得求援無望、400 多萬元眼看就得打水漂時，汪涵看到了帖子，並且致電了大使館，成功聯繫了當地警方。

第二天盜竊犯被抓獲，保險箱完好無損地還給了劉濤，並且還向劉濤表達了歉意。

這件事後，網路上討論得沸沸揚揚，汪涵這位「人脈王」的稱號也算是坐實了，人們紛紛感慨汪涵的交際圈已經擴展到了國外。

原來，早在 2014 年，汪涵在錄製節目《遊學記》時，便狠狠地麻煩了之前結識的丹麥駐華大使裴德盛。裴德盛確實也不負所望，汪涵和共同錄製節目的天天兄弟游運河時，由丹麥外交部部長親自當「導遊」，在參觀美人魚銅像時，由丹麥王子作陪，甚至他們一道接受了丹麥首相的接見，汪涵還專門採訪了這位首相。這一次麻煩了裴德盛之後，汪涵與丹麥外交部部長、丹麥王子相談甚歡，建立了友誼。

他憑藉自己的才華和人品，吸引了各行各業成功優秀的人與之來往，陳道明、馬雲、馬化騰、梁文道都與他私交甚好，甚至連捷克總統也是他的座上賓。

汪涵的人脈圈優質又廣泛，無不令人羨慕，這與他多年的經營有關，一開始時他的出身並沒有這麼光鮮亮麗，只是一名在湖南電視臺做雜務工作的普通員工，他能夠發展得這樣好，著實令人驚歎。

在娛樂圈裡，同樣是一步步憑著自己的努力功成名就的人不在少數，而為什麼唯獨汪涵有著這樣的人脈圈和影響

力？原因必定是諸多的，而其中非常關鍵的一條，正如汪涵所說的：別怕麻煩朋友。

早些年，汪涵得了一次肝病，患病期間只能在家休養，病情一直不穩定，有位中醫獻出一良方，說是需要用九頭獅子草的根部曬乾研磨服下，專門治療這種肝病。身邊很難買到這種草藥，汪涵不得不拜託一位在文山工作的朋友幫忙。那邊山林蔥郁，藥草良多，這位朋友上山找藥，又將藥洗乾淨，曬乾磨成粉，又用小火烘焙，裝進膠囊裡才給汪涵寄過來。汪涵見這位友人不辭辛勞地按照工序一步步地將藥做好才寄來，不禁連連感謝。這位友人卻說：「你能麻煩我是因為把我當朋友，你的事我自然得做好。」

這件事讓汪涵恍然大悟，**麻煩別人不會讓關係變得疏遠，反而讓好久不來往的朋友走得更近，如果雙方都很客氣，不好意思麻煩別人，慢慢也就斷了聯繫。**

之後的汪涵，不怕給人添麻煩，同時也不怕別人麻煩自己，你去麻煩了別人，別人才好意思來麻煩你。汪涵有事麻煩了馬雲，馬雲的雙十一晚會也就麻煩汪涵來參加；汪涵麻煩了丹麥王子，等丹麥王子來中國時一定得邀請汪涵作陪，人與人之間的關係就在這一來二去中升溫，友誼得以長久，機會也蘊藏其中。

學會求助，不丟人

在傳統教育中，人們從小的學習模式就是單打獨鬥、互相競爭，這造成了很多人遇事喜歡死扛的性格。走入社會後卻發現，世界是一張複雜的人際網，一個人的交際圈往往太窄，懂得合作和團隊作戰的人，才能在當今社會奪得先機。

而這需要具備一種往往被我們忽視的能力：**求助能力**。

不求助是一種學生思維，社會不是一場考試，不是一個人默默地去完成一份考卷，然後被人評判你的能力，社會和考場最大的不同，就是在社會做事可以去「抄」：可以合作共同完成，可以請教別人，可以靈活借鑑，只要是在法律和道德範圍內，可以尋求一切手段達到目標。

羅振宇在《奇葩説》裡講道：「莎士比亞的《哈姆雷特》裡，有位父親在送他的孩子遠行的時候，對他兒子説：『不要借錢給別人，也不要向別人借錢。』這是一個父親對兒子的囑託。27 年前，我上大學，我的父親最後對我説了一句話：『爸媽再也幫不了你了，出門在外一定要學會求助。』27 年後我覺得，我的父親比《哈姆雷特》裡的父親更睿智。」

敢於麻煩別人是一種智慧，這是雙方走向合作的開始，也是一種處理問題的能力。

向人求助會不會被拒絕？社會學家調查顯示，愈是富人階層的人，往往愈喜歡幫助別人。富人擅長合作，並且喜歡幫助別人，這樣說不定某一天有機會可以用到對方，在這方面富人往往顯得極為大度，哪怕你現在資歷平平。即使沒有獲得幫助，開口求助也並不是什麼丟人的事。

還有一類人私心比較重，看到別人取得了一定成就就開始「眼紅」，甚至會去搞破壞，這類人不懂得合作，更不會真心去幫助別人，久而久之往往會故步自封。

我們都知道，溫州人善經商，是世界上唯一能夠與猶太人比肩的群體，在海內外的生意場上，無不透露著溫州人的身影，溫州人能夠在世界上名氣大振，不得不說溫州人的抱團精神。

在溫州有一種遍地都是的建築叫祠堂，這是舊社會時期的產物，祠堂在全國很多地方的農村還有保留，而溫州的祠堂卻別具一格，溫州祠堂雄偉而精緻，每年都會舉辦祭祖儀式，而遠在他鄉的族人都會回來舉辦酒席，互相認識。

這種獨特的文化，是溫州人「強連帶」關係網絡的體現，表面上看來，祠堂是為了祭祖，然而對於溫州人而言，這種文化加強了人們的合作：資訊共用、強帶動弱、協作共贏。溫州一帶的人出門在外都喜歡抱團取暖，也懂得向別人求助，形成了一個整體。

　　相對於那些「窩裡反」、「內鬥」嚴重的地區，只會鬥得兩敗俱傷。而向別人求助，意味著雙方可以建立合作關係，別人未來也可能有求於你，友好地對待他人，也可能是友好地對待未來的自己。所謂求助，實際上是一種建立夥伴關係的開端，也是互相合作的預備。

　　我們往往以為獨立是成熟的標誌，殊不知真正的獨立是從學會求助開始的。

　　如果你還不夠強大，不妨學會去求助，如果你足夠強大，不妨學會去合作。

麻煩你，是給你「面子」

　　有些人覺得麻煩別人會感到不好意思，甚至會覺得很丟人，是一種沒能力的表現，但如果我們來深究一下人們的心理狀態會發現，你去麻煩別人，是在給他「面子」，你肯定了他的能力，願意相信他能夠幫助你，這是對一個人價值的肯定，如果事情辦成了，對方也會感到很有面子，並且證明了他的能力。

　　劉關張三顧茅廬請諸葛亮出山，講的就是這個道理，劉備屢次去邀請諸葛亮，去的次數愈多，就說明了對諸葛亮愈是推崇，是對諸葛亮愈是賞識和敬佩。而諸葛亮為了報答劉

備知遇之恩，鞠躬盡瘁，死而後已。

　　在生活中，有些人小心翼翼，生怕麻煩別人會被人討厭，這是一種低自尊和低價值感的表現，這種人往往骨子裡帶有自卑，總是會生出這些想法：

　　「麻煩了別人會被討厭怎麼辦？」

　　「開口求助萬一被拒絕了怎麼辦？」

　　「自己沒有什麼可以幫助別人的。」

　　帶有這種心理的人，習慣性貶低自己，不喜歡麻煩別人，也不喜歡別人麻煩自己，喜歡活在自己的世界裡擁抱孤獨。喜歡這樣的生活方式，固然沒有什麼錯，但如果你又是一個渴望獲得廣泛人脈的人，這種心理就顯得不合時宜了。

　　對於這部分的人而言，首先要肯定自己的價值，學會愛自己，不要過於在意外界，認為自己有能力幫助別人，這一次我麻煩你，下一次我還能幫你一個忙。

　　除此之外，還需要轉變看法，不要再將「麻煩」看作是一個貶義詞，更不要有「不麻煩別人是一種美德」這種觀點，把麻煩別人當作是一種互相交流、共同合作的過程，這是對對方的認可和肯定。

　　比如我的一位作家朋友，老是不厭其煩地把她寫的小說拿給一些前輩看，請求給一點意見，這些前輩也非常熱心，對一些新類型的小說也表現得很感興趣，時間久了，這位晚

輩作家和前輩聊得比較投機，成了很好的朋友，前輩在她寫作道路上也提供了幫助，他們就在這思維碰撞、互相交流中打磨作品，最終將相對完好的小說呈現給讀者。

所以我們說，**好的人脈不怕麻煩，而是怕沒聯繫**，人與人的關係就是這樣，在互相麻煩中結識新朋友，聯繫舊朋友，互相不麻煩，朋友也就少了聯繫。

英國詩人約翰・多恩說：「沒有人是一座孤島，誰都無法獨自而活，我們的人生就是在不斷需要彼此中度過。」

人是社會性動物，沒有人可以脫離外界獨自生活，每個人都希望自己可以被人需要，也希望在自己遇到困境的時候有人雪中送炭。為了得到這些，我們首先需要做的就是從自我封閉中走出去。人們往往低估了別人的友好，你需要別人時，別人的心中也會升起一份自豪。

你開始敞開心扉，大膽地擁抱別人，別人一定會回敬你一份溫暖。

3

關係的建立，都是一種「富蘭克林效應」

拉近彼此的心理距離

　　許多父母喜歡這樣教育孩子：沒事不要給別人添麻煩，自己能完成的事情盡量自己做。一直以來這種觀點成為一種常識，印刻在人們的腦海中。因此很多人漸漸形成一種觀念：給人添麻煩不利於雙方交往。遇到事情幾乎都是自己解決，實在解決不了的，乾脆選擇放棄。

　　這類人既不喜歡麻煩別人，也不喜歡別人麻煩自己，請別人幫忙時總是不好意思，擔心被拒絕或者害怕給別人帶來苦惱；別人請自己幫忙時，又會覺得這本是對方可以解決的事，沒有必要來浪費自己的時間。

　　抱有「我不麻煩你，你不麻煩我」這種思想，就可省去很多「麻煩」。

　　然而這種觀點往往只會將自己孤立，很難建立良好的人

際關係，誠然，少給別人添麻煩的確是一種良好的本質，但適度請求他人的幫助，也是一種智慧的處世之道。

前面我們介紹了富蘭克林效應，相對於被你幫助過的人，那些曾經幫助過你的人，會更願意再幫你一次。也就是說，想要獲得別人的喜歡，不應該是去幫助別人，而是讓他來幫助你，這種心理效應完全顛覆了我們傳統的認知，但是如果你仔細觀察生活，不難發現這一效應的合理之處。

一個多世紀後，俄國偉大的小說家托爾斯泰對這一效應也深感贊同，他在《戰爭與和平》一書中寫道：「**我們並不因為別人對我們的好而愛他們，而是因為自己對他們的好而愛他們。**」

這也說明了，我們一味地對他人付出，並不一定可以得到他們的信賴和回報，反而因為我們的付出，讓我們自己對他們愈來愈難以割捨，進而深陷其中。

如果反其道而行，要使某個人喜歡你，那就請他幫你一個忙，這會讓別人感受到被認同和尊重，並且讓他為你付出時間，這樣能夠拉近彼此的心理距離。

富蘭克林效應測試

1969 年，距離富蘭克林的時代過去了 200 多年，心理學家吉姆·傑克爾和大衛·蘭迪決定親自上陣，檢驗一下「富蘭克林效應」在 20 世紀是否同樣適用，於是他們安排了一次知識競賽，讓所有的參與者贏了一筆小錢。

競賽結束後，一名研究人員向其中一組參與者們表示，他是用自己的錢來組織競賽的，現在他沒錢了，能否請他們把錢退還給他。一名祕書向另一組的參與者們表示，這是由心理學實驗室贊助的競賽，現在實驗室資金短缺，能否請他們把錢退還。

實驗過後，所有的參與者們都被要求填寫了一份問卷調查，分別對研究人員和祕書的喜愛程度打分。實驗結果證明，研究人員的分數遠遠高於祕書，而且願意把錢退回來的參與者所給出的分數，遠遠高於不願意退錢者的。

「富蘭克林效應」再一次得到了印證，人們往往更加喜歡自己所幫助過的人。

單從邏輯上來看，你幫助了別人，別人一定會對你心存感激，並且能夠獲得對方的好感，但是人的心理並非絕對理性，「富蘭克林效應」卻得出了相反的答案，心理學家認為，這是由於大腦的「認知失調」所導致的。

如果一個你不喜歡甚至討厭的人找你幫一個小忙，你不得已之下幫助了他，你就會經歷認知失調，因為你的態度和行為是不一致的，你的大腦必須想辦法改變這種失調狀態。為了讓你的認知和行為達到和諧一致的狀態，你會改變你的認知，來適應你的行動。

你的潛意識可能會認為，他也沒有想像中的壞，有時候也還可以，這樣你對他的幫助才趨於合理。

👤 利用富蘭克林效應拓展人脈

在行銷學案例中，也有很多有關「富蘭克林效應」的案例。

據說，美國有一位淨水器公司的老總，之前是他們公司的銷售冠軍，他在員工培訓時對他們說：「一位優秀的銷售員絕不能不懂心理學，你們在推銷產品時只會敲開門說：『您好，十分抱歉太太，打擾您三分鐘時間，我向您推薦一款我們公司優質的淨水器……』每次還沒說完就會被人『砰！』地關在門外，你們這種推銷方法成了一種擾民行為，別人沒有報警就已經是仁至義盡了。」

下面的員工十分好奇地問：「如果是您，您會怎麼推銷呢？」

　　這位老總回答道：「我會敲開門說：『太太您好，我是一名路過的推銷員，實在是口渴了，能不能跟您討一杯水喝呢？』在太太幫我倒時，會與我閒聊幾句，我會不經意地談起我所推銷的淨水器，如果太太主動問起，我再詳盡地去講解我們淨水器的優勢，如此一來，我的成功率就能達到80%。」

　　員工們聽了紛紛稱讚。

　　這個案例其實告訴了我們，有時候找別人幫一個忙，就能夠拉近雙方的距離，從而建立起深入瞭解對方的機會。

　　在生活中，如果你留心觀察，自己與身邊最好的朋友，往往一開始就是從互相麻煩開始的，在你來我往的解決問題中增進了感情，當彼此對對方付出的精力和時間愈多，感情就愈牢固。

　　利用「富蘭克林效應」可以解釋生活中的很多事情，比如為什麼會哭的孩子有奶吃？因為會哭的孩子更容易引起父母的過多照顧，需要他們付出大量的精力，從而也就愈來愈喜歡這個孩子，這也印證了「調皮的孩子得到了一切，懂事的孩子只得到一句誇讚」這個觀點。

　　比如為什麼單相思的人會愈陷愈深？因為單相思的人總是為對方付出，根據「富蘭克林效應」，付出得愈多往往會愈喜歡對方，最終陷入了一個惡性循環，如果掌握了這個

效應，不妨去請求對方幫自己一個忙，也許會有意想不到的效果。

在日常的人際交往中，我們一樣可以利用「富蘭克林效應」來拓展人脈，比如進入新的班級或者公司，可以適當麻煩一下旁邊的人，請教一些問題或者幫一個忙，而一段良好的關係，往往就因此展開。

當你開始真正明白這個人際交往的心理學原理，你會發現，所有的關係都離不開「富蘭克林效應」，掌握它會對你與人相處的能力更進一步。

4

難以割捨的沉沒成本

「富蘭克林效應」中的諸多觀點，顛覆了我們傳統的認知。

原本我們以為，向他人尋求幫助會給對方添麻煩，容易引起別人的反感，可是富蘭克林效應告訴我們，適度給人添麻煩，不僅不會讓雙方厭煩，還能夠增進彼此的感情。

原本我們以為，天道酬勤，付出一定會有收穫，但是人際關係比我們想像中複雜得多，源源不斷地付出，可能會讓對方覺得理所當然，富蘭克林效應告訴我們，引導別人為我們付出，更能達到預期效果。

這和我們從小所接受的教育似乎有所不同，而這些聽起來有些不可思議的結論是如何來的呢？我們就從心理學的角度，解釋隱藏在富蘭克林效應背後的科學依據。

金融學中有個名詞叫「沉沒成本」，指的是以往發生的，與當前決策無關的費用。人們在選擇做出一些行動時，不僅僅會看這件事對自己是否有好處，還要看自己是否在這

件事情上有過投入。

舉個例子，當你花了 50 塊錢去一家從未去過的餐廳吃飯，菜上來以後，你才發現這家餐廳的菜不合胃口，不喜歡吃，這時你可以選擇忽視已經花掉的 50 塊錢，換一家餐廳，這 50 塊錢就是沉沒成本。但是大多數人都會覺得沉沒成本難以割捨，會想著已經付出了 50 塊錢，不如將就吃一頓吧。

當你對一個人付出了精力和金錢，你就會難以將他割捨，因為割捨掉他，你失去的不僅僅是他這個人，還有對自己付出心血的不甘心。就像人們在失戀的時候會難過，其中一部分是對相處多年的另一半的不捨，還有一部分是對自己付出過的情感感到不甘。這就印證了富蘭克林效應中，引導對方為你付出，會讓他更加珍惜你的原因。

生活中，你有沒有感受到這種現象？當你花 10 塊錢買一個玩偶，不如花 10 塊錢在夾娃娃機上抓到一個娃娃更加高興。因為你在夾娃娃機上付出了心血，你對它的付出愈多，你就愈珍惜、愈喜歡。

在社會心理學中，這是大腦認知失調理論中的「**勞力辯證效應**」（Effort-justification Effect），即在一件事情上付出愈多，對它的態度就會愈喜歡。

一個女生愈難追，男生經歷了千辛萬苦通過了種種考

驗，終於追到了這個女生，這時男生對這個女生的評價肯定
頗高，因為在潛意識中認為，自己那麼努力才得到的人，肯
定非常優秀，如果不優秀，自己那麼多的努力不就白費了？
所以大腦會自動將這個女生歸為優秀。相反的，如果一個女
生特別好追，自己三言兩語就把她追到手了，這時大腦會將
這位女生歸為不那麼優秀，所以人們通常認為，女孩子要矜
持，就是這個道理。

　　想要引起一個人的好感，就需要讓他為我們付出一定的
心血，而不是一味地為他付出，就如同富蘭克林效應中的原
理，適度麻煩一下別人，讓他對自己付出心血，這樣既能夠
與他建立社交關係，也能博得對方好感。

　　當然在這個過程中，也需要注意方法，我會在下文中逐
一講解。

5

討喜的人：有趣的靈魂萬中選一

一定要有個性，別人才會喜歡你

豐子愷是一位資深鏟屎官──在家裡惹怒了客人後，讓自己的貓賣萌去討好對方；貓咪離家出走，誇牠有名士之風；每天寫字、畫畫、拍照的時候，都把貓帶在身旁，然後在散文裡傲嬌地寫道：「我不喜歡貓。」

叔本華一生未婚，愛狗如痴，他的生活極有規律，每天早上 7 點起床寫作，這段期間不允許任何人打擾。每天下午 4 點，無論天氣如何都要準時出去遛狗，附近的居民看到叔本華出來遛狗，就知道已經下午 4 點了，比鬧鈴還準。由於他對黑格爾頗有成見，因此還把自己的狗取名叫「絕對精神」。

米芾喜歡穿奇裝異服，有一次帽子戴得太高，進不去轎子，於是讓人把轎頂給拆了。他喜歡收集奇異的石頭，每天

在家玩石頭不去工作，最後還跟石頭成結拜兄弟。看上了人家收藏的字帖想要，於是以死相逼，最後得償所願。

　　林清玄有一次走到一個村莊，看到一個小孩子蹲在圍牆邊，臉上露出非常幸福而神祕的微笑，他跑過去看，結果發現小孩子身邊放了一個空汽水瓶子，他蹲在那裡打嗝，一邊打嗝一邊微笑，林清玄站在旁邊發誓，一定要喝汽水喝到打嗝。一段時間後，林清玄找到機會，便提著兩大瓶汽水，跑到茅房把門一關，咕嚕咕嚕喝了一罐，等著打嗝，突然一股氣從肚子裡冒出來，打了一個嗝，他才知道，原來打嗝的滋味是那麼美好。

　　我們深入瞭解中外名人就能發現，他們大多數都極具個性，正是個性讓他們給人留下有趣可愛的印象，一個討喜的人往往身上散發出與眾不同的亮點，而過於中庸的人則顯得無趣。

　　有個性的人更喜歡做自己，不會隨波逐流。

　　我們之所以喜歡這類人，實際上是喜歡他們率真的個性，這種個性不是人人都有，大多數人受環境所迫，只能隱藏自己的個性來適應大多數人的價值觀，追求個性可能就是這類人性格中缺失的一部分。

　　一項心理學研究發現，人們對自己性格中欠缺的東西會更加追捧，於是大家在潛意識裡都會喜歡有個性的人，準確

地說，是他活出了自己想要的生活。

　　不卑不亢，特立獨行，活出自我，就不會太過在意別人的評價，這樣才能夠活得自在，發覺生活中的樂趣，這種個性難能可貴，人們的共性是人之為人的標準，而個性才是別人喜歡上你的理由。

討人喜歡的同時做自己

　　在網上一篇貼文裡看到一句話：「想要討人喜歡的同時做自己，就要做到不含敵意的堅決。」

　　對於這個觀點，我深有體會。我有一位同事，剛到職的時候為了顯示融入團體，對每一位同事都笑臉相迎，別人找他幫忙他都很樂意，飲水機上的桶裝水需要人來換，他自然「主動請纓」，每天幫飲水機換水。

　　他的這次表現非常成功──在未來的幾個月裡，飲水機換水就成了他的私活，別人裝水時發現沒水了，都要跑過來叫他去幫忙換水，好像由他換水是理所當然的。

　　時間久了，他在私底下抱怨，自己剛來公司時想要表現自己，讓主管覺得自己勤快，但沒想到這個換水的工作都成他的了，耽誤工作不說，每天搬運一大桶水真的很累，而且別人只想坐享其成，從不與他分擔這份工作，心理也

不平衡。

後來，他放下面子找幾個男同事商量，想要讓他們一起和他分擔一下，每週輪班換水，但那幾位同事嘴上答應了，後面行動上卻一再推拖，使得這件費事活一直還在他的手上，沒有人接手。

一開始他是為了討人喜歡，但這個「好人卡」從此落在了他的身上，有一天他沒有換水，別人就覺得他懶了，但這份工作原本就不是他的，換水這件事是小，但是被人當作理當如此，就顯得比較委屈了。

我身邊還有這樣一個故事。

一個家境普通的人有個富親戚，為了討好富親戚，他用盡了花言巧語，吹捧奉承。每到過節，他都會帶一點廉價的禮品去看望富親戚，因為他知道這趟不會白來，富親戚都會回他一些值錢的禮品。

嘗到了好處之後，他就更加巴結這位富親戚，而富親戚也經常送他一些蛋奶。但是慢慢地他們一家發現，占了富親戚的便宜，就得聽命於他，在地位上低人一等，甚至這位富親戚也愈來愈看不起他們，對他家裡內部的事也要指指點點。

這樣討好別人，換來了幾十塊錢的小便宜，看似沾了光，但其實在人際交往上，已經丟了體面，用自己的一部分

尊嚴來換取一些零碎的禮品，遠遠不如光明正大地自己賺錢來得自由舒適。

　　每個人都希望能夠討人喜歡，但一定需要堅持自我，態度堅決地做自己。不攀附、不討好、不順從，不做別人心中的「老好人」，也不放棄自尊去巴結，待人有著不含敵意的堅決，不失自我的體面，這樣的人要比「舔狗」受人尊敬。

自信、樂觀、自我的生活態度

　　這些年來，我曾留意觀察過很多人，具有什麼樣特質的人才會受歡迎？經過不斷地觀察和思考，我總結出了三種特質：自信、樂觀、自我。

　　我曾經是一個比較自卑的人，對那些從頭到腳每一個毛孔都散發出自信的人無比羨慕，那種自信是骨子裡透出來的。

　　自卑的群體非常龐大，他們如我一樣，對自信者多多少少都會抱有好感和羨慕，由於自己性格方面的缺失，對擁有不了的東西總是渴望。充滿自信的人，就好比身上散發出一道光，明亮而又閃耀，就連接近他的人都會被光芒籠罩。想要成為受歡迎的人，最重要的就是擺脫自卑，讓自己自信起來。

　　你覺得一個人在什麼時候最有魅力？我覺得是在認真地做自己事情的時候、認真地整理自己的生活、認真地做自己的工作、認真地坐在窗邊看一本書……

　　你可以注意一下身邊的人認真做事的樣子，是不是比平時顯得更有魅力？甚至你會因為他的這種專注且自我的樣子而喜歡上他。

　　有一個男生在我文章下面的留言，引起了我的注意，他說：「高中有一次，我女朋友看著在解題的我，拖著腮笑著說：『你認真解題的樣子真帥。』現在回想起來，那一刻我一定是發著光的，堅定且自信。」

　　據我觀察，那些活得自我、充滿自信、專注於自己生活的人，更容易引起別人的愛慕，他們的生活方式看似有點自私，但總是讓人欲罷不能。恰恰相反的是，那些注意力總是聚焦在別人身上，想辦法贏得別人喜歡，盡量滿足別人需求的人，看似善解人意，卻並沒有那麼受歡迎。

　　最後要說的是樂觀，樂觀的人將正能量傳播給身邊人，讓人感到放鬆和減壓。

　　喜歡蘇軾的人不計其數，很大原因在於他豁達的人生態度，儘管仕途不順，屢次被貶，但蘇軾的生活依舊有趣：被貶黃州，他發明了東坡肉；被貶惠州，他發明了羊蠍子；被貶海南，他狂吃牡蠣……

一杯茶、一盤野菜放在眼前，粗茶淡飯，在他看來是「人間有味是清歡」。

貧困潦倒時，蘇軾需要去養家糊口買一塊田地，中途大雨傾盆，人們紛紛躲避，而他並不躲避，從容淡定，寫下詩句：「竹杖芒鞋輕勝馬，誰怕？一蓑煙雨任平生。」

身處逆境，依舊能在貧苦生活中找到樂趣，自在獨行，這種心境讓蘇軾從宋朝起就一直成為中國人心中的國民偶像，可見豁達者的魅力總是那麼讓人傾心。

自信、樂觀、自我，這三種特質讓一個人從內到外散發出吸引人的氣質和個人魅力，擁有它們，才能活成照亮他人的一束光，耀眼奪目。

遠離低級趣味

我經常買一些書閱讀，身邊的朋友、同事感興趣的卻不多，個個聲稱我是「文藝青年」。

有一次，我買了一本王朔的《我是你爸爸》，結果很掃興地被一位同事嘲笑一番：「啥？我是你爸爸？哈哈哈！」

他放聲大笑，有幾次見了我就對我喊道：「我是你爸爸。」並以此為樂，以為自己開了個挺有水準的玩笑，引得周圍的人哈哈大笑。

雖然知道他只是開個玩笑，並沒有什麼惡意，但是讓我十分尷尬。他熱衷於開這類低級趣味的玩笑，純粹為了搞笑不分場合，是情商不高的表現。

從一個人的趣味，我們可以看出一個人的格調，有觀點認為，低級趣味不完全等於俗，俗是一種接地氣，儘管不雅，但不會對他人造成影響，而低級趣味往往會讓身邊的人產生反感。

生活中有一些常見的低級趣味，也許你看了會感同身受：

1. 不合時宜的玩笑。
2. 為捧一個人貶低另一個人。
3. 只會用髒話表達憤怒。
4. 以與人抬槓為樂。
5. 把低俗當風趣。
6. 對速食式的欲望成癮。
7. 好為人師。
8. 習慣用下半身思考問題。
9. 愛管閒事。
10. 八卦別人家事。

…………

對於普通人而言，生活既有雅的一面，也有俗的一面，

既有陽春白雪，也有下里巴人，雅俗共賞才有生活的煙火氣。人可以俗，但不要低級，那些一時感覺爽的低級趣味，滿足自己口舌之欲，卻不知成了人們鄙視的最底端。

擁有被討厭的勇氣

日本作家岸見一郎、古賀史健在《被討厭的勇氣》中說：「有人討厭你，正是你行使自由、依照自己的生活方式過日子的標記。」

成熟的一個重要標記就是，意識到人與人之間是不同的，哪怕是最親密的人，價值觀、人生觀、世界觀都不相同，沒有辦法讓所有人都認同你。如果選擇成為真實的自己，那就需要有被討厭的勇氣。

當代人有著複雜的人際關係，親人、朋友、同事、社交媒體……，人們被各種觀念和要求高度包圍，思想也會被外界繁雜的聲音綁架。如果你能有意識地自己和自己對話，聽聽自己內心的聲音，就能知道自己內心的渴望，人生苦短，自己沒有必要滿足別人的期待活著。

人不是鈔票，無法做到人見人愛，活出自己，就別怕外界的非議。

人們總是誇讚那些走到哪裡都備受歡迎的人，他們在各

種場合下都遊刃有餘，面帶春風。然而我卻不認同這個觀點，人活在這個世界上，想要做到人見人愛不是一件難事，小時候裝作文靜就能備受長輩喜愛，不斷委屈自己、成全別人就會被視作懂事，多吃一些虧就被稱作好人。你只需要偽裝或者妥協，戴上一副面具就能做到了。

但是我想人們不喜歡這樣的生活，討厭這些身不由己，討厭被剝奪自由的權利。我們的苦惱大多來自人際關係，很多成功學書籍都是教你如何討好上級、如何恰當說話、如何做到中庸圓滑……，那些厚黑學的內容，只會讓你距離幸福愈來愈遠。明明知道自己會被人討厭，卻依舊堅持自我的人，才是真正的勇士，從人際的條條框框中解脫出來，做到真正的灑脫和真摯。

要相信：「小人物同樣有小人物的舒暢生活。」

6

會「麻煩別人」也是一種高情商

別讓不好意思害了你

首先說一個前提原則，當我們遇到了問題，首先要自己想辦法解決，自己無能為力時，可以借助工具，利用網路搜尋引擎等尋找答案，最後實在不行，才會張口向人求助。

遇到在自己能力之外的事情，學會求助很重要，人們很難靠自己完成一切事情，整合身邊的資源來解決問題，是一個人能力的體現，而不是一件丟人的事。

很多人不願意尋求幫助，不好意思麻煩別人，寧願把解決不了的問題放棄，也不想給別人添麻煩，這種「與世隔絕」的思想本質上是：我不去麻煩你，你也別來麻煩我。

這種思想的確可以省去很多麻煩，日本就是一個這樣的社會，每個人都有嚴格的私人空間，但是在遇到問題時會比較死板。

一個新職員在公司自己很努力埋頭苦幹，卻沒能解決問題，而另外一位一不懂就去問同事、主管，使自己快速掌握技巧，問題解決的同時，也和同事們建立了不錯的關係。在人情社會中，不好意思有時會害了你，人脈是互相麻煩出來的，在盡量不給他人造成困擾的情況下，尋求一下支援，對於雙方都是好事情。

誠懇地表達需求

你需要麻煩別人時，一定要態度誠懇，明確自己的訴求，禮貌地詢問對方是否答應。

在尋求幫助時要用「謝謝你 / 您」「給你 / 您添麻煩了」等類似的語言表達出自己的感謝，如果對方婉拒了你的請求，也應該表示感謝，並且用「沒關係，我再想想其他辦法。」、「沒事，我就是問問，實在不行也沒關係。」來表達出自己沒有因為被拒絕而生氣，減輕對方的心理負擔，也能緩解尷尬的場面。

切記！不能在請人幫忙時還表現得趾高氣揚，或者只在有求於人的時候才表現得態度誠懇，別人幫完或者拒絕了你，你的態度就變得冷漠，這樣不會得到對方的尊重。誠懇就是一張名片，與人為善的人哪怕這次被拒絕了，下次有需

要別人還會幫你，如果你的態度不好，引起對方的反感，那麼今後也很難得到別人的幫助。

麻煩別人，要有分寸

評估自己與他人的關係，才能做出合理的請求。有些人做事毫無分寸，比如喜歡和朋友提出一些過分的要求，讓人招架不住，心生反感。

有句老話說：「逢人只說三分話，未可全拋一片心。」與人交往講究距離感，什麼關係說什麼話，不可交淺言深，也不可做沒有分寸的事情。

就拿借錢來說，跟一位關係普通的朋友提出借一筆鉅款，顯然會讓對方十分為難；跟朋友借了錢，到了歸還日期不還，不解釋清楚緣由，也是沒有分寸。

電視劇《歡樂頌》中，樊勝美的母親不斷要求樊勝美來供養無底洞的兒子，這是在物質上的糾纏不清，即使身為母親，也不能毫無底線地壓榨孩子，界限感的缺乏讓樊勝美欲哭無淚，卻只能做一個「孝女」，承擔所有的壓力。

與人交往，沒把握好分寸會讓人生嫌，不要把自己不當外人，無論是對父母還是朋友，哪怕你們親密無間，適度的距離感還是能讓人在心理上舒適。三毛在《萬水千山走遍》

中寫道：「我不問別人的故事，除非她自己願意。」

把握分寸感，才能讓人際關係簡單舒服，輕鬆自在。

體現出對方的價值

在你透過自己的努力卻無法完成任務時，向他人尋求幫助是無可厚非的，但世上還有另一種人——能讓人幫忙的絕不自己動手。

不論是大事小事，他們把請人幫忙當作家常便飯，從來不自己做，老是靠麻煩別人方便自己，一點也沒覺得自己給對方帶來了麻煩。

有些大學生自己不願意去打飯，每次都讓舍友幫忙帶，原因竟只是因為自己懶，時間久了，對方會產生反感。

自己力所能及的事，一定要自己去完成，麻煩別人是需要消耗成本的，所以一定要恰到好處，最好能夠體現對方價值。這件事你實在完成不了，但是這對他來說是小事一樁，那麼幫你解決了麻煩，他心中會很有成就感。

就像某個女生一個人在家，家裡電燈泡忽然壞了，於是打電話給一個男生請他來幫忙，對男生而言，換個電燈泡是舉手之勞，但也能體現自己的價值，還能讓兩個人的關係更加親密，這種麻煩是有助於雙方關係的。

如果習慣性因為自己懶惰，雞毛蒜皮的小事都要找人幫忙，自己從不努力去嘗試，只會打擾到別人的私人空間，利用別人的時間和精力，幫你做毫無意義的小事，這種「伸手黨」不斷消耗人情，心理上還沒有負擔，在我們看來就非常自私。

幫你是情分，不幫是本分

這幾年，關於公車上該不該讓座給老年人的問題，被拿上桌面討論激烈，有的人認為老年人身體弱，年輕人理應讓座，這是最基本的道德規則；但更多人認為，年輕人主動給老人讓座，這是我們所提倡的道德觀，但這並不是強制的，不能對其進行道德綁架，而我的觀點是：我欣賞你讓座時的風采，也捍衛你不讓座時的權利。

其實在生活中，有很多道德綁架了我們的行為。因為是親戚關係，所以幫忙辦事就覺得理所當然，如果遭到拒絕就是不近人情。因為自己年長，就必須讓著弟妹，所有的虧都得自己來扛。因為是「好兄弟」，所以敬酒你得喝，不喝就是不給面子。

我們深受這些道貌岸然的道德綁架的荼毒，你得知道，別人沒有義務幫你承擔壓力，幫你是因為他人好，而不幫不

等於他人不好，幫你是情分，不幫是本分。在向人求助時應學會換位思考，在與己方便時也應與人方便，理解他人。

麻煩別人，要懂得回報

在中國人的傳統文化中，講究禮尚往來，麻煩了別人要記得感恩，人與人的關係都是平衡的，你幫了我一次，我給你回報，這樣在對方心中，你才是一個知恩圖報的可交之人，有來有往才能留住人情。

我老家有一親戚，很多年都沒聯繫過，有一天他們一家登門拜訪，帶來了兩隻土雞和一箱土產，難得大老遠跑過來，我們一家熱心招待了他們，帶著他們去飯店吃飯。

言談之間，他們表示有事相求，但他的需求我們一家也實在無能為力，告知他們緣由後，婉拒了他們，由於他們的事情沒有辦成，臨走時他們又將兩隻土雞和一箱土產拿了回去。

這件事讓人哭笑不得，用到我們的時候才來聯繫，沒有幫忙就把帶來的禮品拿走，這樣的為人處事，功利心太過明顯，今後讓人想幫忙都很難。

高情商的人在麻煩別人時，能夠做到以下幾點：

1. 請人幫忙時，態度要好，可以帶上一點小禮品表

達心意。

2. 別人幫了一點小忙，也要及時回饋，可以請對方吃一頓飯表示感謝。

3. 如果在重大事情上對你有所幫助，要時常提及，逢年過節時常看望對方。

4. 即使別人幫你沒能成功，也要表示感謝。

5. 接受了別人的幫助，在對方需要幫助時自己要盡力相助。

懂得回報和感恩，才能樹立良好的口碑，別人對你的付出不會落空，而那些不懂回報的人，希望用低廉的成本獲取別人的幫助，覺得撿到了便宜，殊不知既失去了體面和尊重，也失去了別人的信賴。

允許被別人麻煩

別怕被人麻煩，當你學會麻煩別人，自然別人也會跑過來麻煩你。被人麻煩的確是一件苦惱的事，畢竟人們都想要無事一身輕，但是被人麻煩有著非常明顯的好處：

1. 別人麻煩你，是相信你的能力，也是表現自己價值的一次機會，可獲得成就感。

2. 有些事情對別人來說很難，但是對你來說是舉手之

勞，被人麻煩相當於對方欠了你一個人情，下次你辦不了的事，他說不定可以辦到。

3. 在你幫助對方解決問題時，調動自己身邊的人脈關係，這樣你又可以聯絡身邊的一些朋友，互相來往，形成一個良性迴圈。

4. 幫助別人時，需要動腦筋，想盡辦法完成任務，也是對自己能力的一次鍛鍊和提升。

5. 事情辦好了，對方肯定會對你表示感激，你們的關係會更進一步。

6. 有助於你在整個朋友圈提升威望，贏得他人的信服和敬意。

有句話說：「自信源自一次次成功的經驗。」幫助別人也是在為自己積累經驗，也能贏得朋友們的讚揚，讓自己變得更加自信。但是不得不說，幫助人時要量力而行，不能打腫臉充胖子，誇下海口卻能力有限，比什麼都不做更讓人看不起。

被拒絕了，別往心裡去

麻煩別人被拒絕了是很正常的事，面對拒絕，人們有兩種常見的心態：

A：他拒絕我了，一定是我不好，故意針對我，是我打擾到他了，早知道我就不去請他幫忙了，自己的事還是得自己完成啊。

B：他拒絕我了，可能是因為這件事太難辦了吧，連他都沒有辦法做到，看來我得再想想別的辦法，多找幾個人問問。

相對而言，A 的心態比較消極，他習慣自動將他人對事物本身的看法，看成是他人對自己的態度，從而變得自卑敏感；而 B 的心態屬於就事論事，相對理性，不管對方到底是為什麼拒絕了自己，都要再去想辦法解決問題，不能因為對方的拒絕，就不再尋求幫助了。

被拒絕是一種常態，如果因為被拒絕就止步不前，那麼那些成功人士早早就被扼殺在搖籃了。學會就事論事，以解決問題的最優解去做事，被拒絕了也沒關係，我們不往心裡去，這是我們的格局，下次需要幫忙還是會找你。

7

30 個基本：別讓感情，敗給相處

先肯定別人，再說不同意見

你肯定遇到過總是以「錯」、「不對」、「反對」、「不是」開頭說話的人，別人表達了一種看法，他總是喜歡用「錯」打斷，然後說一些自己反對的話，有著這種交流方式的人，毫無情商可言，即使他說得再有道理，他的態度已經不想讓人再聽下去了。

遇到觀念不合的情況，試著先肯定別人：「你說得也有道理。」然後再發表自己的觀點：「我還有一種看法……」朋友之間的對話不是辯論賽，態度有時比事情本身更重要。

開玩笑把握尺度，別把傷害當樂趣

有些人開了不合適的玩笑，讓對方很不愉悦，事後還用對方開不起玩笑來取笑他。可你得明白，玩笑是讓別人開心才叫玩笑，讓別人不愉快不叫開玩笑。每個人的性格不同、敏感度不同，所以你的玩笑別人可能很在意，所謂的情商高就是好好說話，避免開一些不顧別人感受的玩笑。

升米恩，鬥米仇

幫助他人要有限度，要做好人也得有底線。一次小恩小惠別人會感激不盡，但時間久了，源源不斷地幫助，會讓人覺得理所當然，生活中做個老實的好人，寧可自己吃虧，也不麻煩別人，一開始大家都會誇讚，時間久了也會因此被人欺負。

不要打斷別人跟你講述有趣的事

不要打斷別人跟你講述有趣的事，因為他希望你快樂。善於傾聽，哪怕你對這個話題興趣不大，對方在與你分享快樂的過程中，自己也能得到滿足，輕易打斷他會讓他失望，

因為他的本意是希望得到你的認可，有時候虛假地笑一笑，會讓氣氛變得更好。

對待朋友，少一些功利性

朋友不僅僅可以在你需要的時候伸出援助之手，更多的是陪伴和情感。抵禦孤獨並且帶給人們快樂，我們常常用「真摯」來形容友誼，是因為朋友之間的真誠相待，讓我們的生活充實歡愉。如果帶著強烈的功利心去交朋友，失去的是這一份「真」，生活也會在強烈的目的性下，被功利所綁架。

發現別人的優點，並且告訴他

注意發現別人的優點，如果你能夠看得出來對方的優點，可以以此誇讚他，可能這個優點他內心已經十分清楚，但是你的誇讚能夠讓他對自己的優點進一步強化，並且認為你是瞭解他的。一句誇讚既能讓對方開心，也能獲得對方的認可。

與人說話的時候，試著笑一笑

很多人告訴我，自己明明很友善，卻常常被人說冷淡。於是我觀察他們與人說話時的表現，即便是他們內心十分友善，但總是面無表情，被人誤以為冷淡，你只需要在和人說話的時候多笑一笑，立刻就能給人帶來和藹可親的印象。

恩威並施更受尊敬

學校裡，太過仁慈的老師管不住學生，太過嚴厲的老師得不到學生的歡迎，恩威並施的老師往往備受尊敬。同理，在生活中，人們喜歡欺負老實、好說話的人，不喜歡不苟言笑的人，恩威並施的人既不好說話，又不過於死板，反而更受尊敬。

及時表達出自己的不滿

不要不好意思表達自己的不滿，當別人讓自己不舒服的時候，要委婉表達出自己的真實想法，不要憋在心裡，時間久了自己積怨，別人卻毫不知情。表達出自己的不滿，反而更有利於解決當下的問題。

圈子不同，不必強融

每一個人的性格、愛好、三觀皆不相同，找到適合自己的圈子，彷彿如魚得水，在這樣的圈子裡沒有偏見和歧視。而那些與自己性情不同的圈子，強行融入只會抹去自己的個性，最終得不償失，「道不同不相為謀」，就是這個道理。

花錢就能解決的小事，不要透支人情

自己輕而易舉就可以解決的小事，沒有必要叨擾別人，儘管我提倡好關係是麻煩出來的，但是不能為了麻煩而刻意麻煩。要體現出對方的價值，如果那些小事都不願意親自動手，是因為自己的懶惰而麻煩別人，這是不提倡的。

去別人家做客，別亂翻東西

去別人家裡做客，亂翻別人的東西，不僅會侵犯別人的隱私，還顯得極其沒有教養。如果是關係一般，就不要亂碰別人的東西；即使關係比較好，也要經過對方的同意。

與人吃飯時，別翻菜或者發出聲音

和朋友在飯局上吃飯，別的方面都可以隨意一些，唯獨需要做到不亂翻菜，吃飯時不發出聲音，這體現了一個人的修養和習慣。

去朋友家吃完飯，幫他整理桌子和碗筷

在去朋友家做客或者聚會時，朋友準備了一桌飯菜款待你，吃的時候其樂融融，但是吃完飯收拾碗筷、打掃清潔是一件煩心事，一定要主動幫助朋友整理桌子和碗筷，別讓朋友一個人承擔歡愉後的負擔。

別對人性抱有太高期待，允許別人犯錯

人非聖賢，孰能無過？每一個人都有自私、趨利避害的一面，多多少少都會犯錯，不要覺得犯錯是一件可怕的事情，也不要對他人有著過高的要求和期待，很多時候不是你看錯了人，而是你把人性看得過於美好，對於那些普通的小錯誤，得饒人處且饒人。

別看一個人怎麼說，要看他做了什麼

很多人依靠花言巧語就能在各種場合遊刃有餘，憑藉一張巧嘴換取大筆財富和信任，但是如果總是被漂亮話忽悠是極為愚蠢的。古人云：「知人知面不知心。」你不能看一個人說了什麼，而是要看他做了什麼，行動上做的，才是他內心真實的想法。都是成年人了，別想著拿著一把假鑰匙，就能打開誰的心。

好關係是麻煩出來的

好關係是麻煩出來的，從不麻煩別人，失去的是與人交往的機會，人活於世，不過是今天我麻煩麻煩你，明天你再麻煩麻煩我，在互相麻煩中建立長久的友誼。一味地付出換不來回報，引導對方付出可能更有用。

精簡朋友圈

你無法改變別人對你的看法，當代社會不再是熟人社會，完全可以透過不斷篩選來優化朋友圈。對於三觀不合的人，沒有必要去迎合；對於不喜歡你的人，沒有必要去順

從，只需要不與他們來往就能輕鬆化解。朋友相處講究志趣相投，精簡朋友圈，別為合不來的人浪費太多精力。

得到朋友的幫助，要懂得回報

千萬不要吝嗇一頓飯或者一份小禮品的錢，與人交往要懂得回報，哪怕東西再便宜，也是一份心意，得到別人的幫助，要表達感激之情，吃了別人的飯，也要學會回請。不要為了一點蠅頭小利，丟掉了在人際圈中的體面，你的每一次回報，別人都看在眼裡。

保持自信的前提，是別太在意別人怎麼看

過於在意別人的看法，總是想著怎樣才能讓對方認同，擁有這個想法的人會變得小心謹慎，處處在乎外界的說法，並且不斷否定自己內心最真實的想法，長此以往就會變得自卑，想要變得陽光自信，首先要拋棄枷鎖，活得自我一些。

「多人遊戲」中照顧「第三者」的感受

有些時候三個朋友一起出去玩，其中兩個聊得熱火朝天，把第三個人冷落在一邊，第三個人完全插不上話，顯得十分尷尬。顯然這兩位朋友沒有顧及「第三者」的感受，如果其中一人情商較高，一定會在中間籠絡照應，讓三個人都能參與進來，就能讓氛圍變得其樂融融。

一定要替朋友保守祕密

得知別人的祕密，其實是一件很糾結的事，說出來以後，就覺得舒暢了，可這樣出賣了朋友，對他造成了傷害，自己成了背信棄義之人，從此也就再難獲取別人的信賴。

和人吵架別把話說絕

和朋友產生矛盾在所難免，生氣時也應注意尺度，別只圖一時心直口快把話說絕，有的人一吵架就喜歡把對方的缺點和自己的不滿全都數落一遍，事後再去道歉挽回這段關係，和好容易，如初太難，一次決絕的語言，可能讓一段關係再難破鏡重圓。

努力提高自己，別嫉妒別人優秀

人最快意的生活方式是，該努力的時候奮力拚搏，該瘋狂的時候盡情玩耍，不必嫉妒別人擁有什麼，也不要刻意追求虛無縹緲的東西，對優秀的人表示欣賞，對落魄的人也不必輕視，做好自己的事，用心關注自己的生活。

少花時間在網路上和人鬥智鬥勇

你無法在網路上說服任何人，在網上和不相干的人逞口舌之快，實則毫無意義，最終誰也無法將誰說服，還惹一肚子氣，與其在網路上與人鬥智鬥勇，不如回歸現實，把精力用在生活和賺錢上。

如果不想和一個人深入交往，就對他客客氣氣

客氣是與人保持距離感最好的方法，既顯得大方得體，又不與之過分親密，如果你對一個人並無好感，不需要對他使臉色，只需少來往，保持客氣即可。

經常和老朋友們打個電話

老朋友身上帶有自己的印記，人生幾十載，除了那些老照片外，還有朋友腦海裡保存了我們當年的樣子，朋友如酒，愈老愈香醇。不管距離有多遠，給那些還保持聯繫的老朋友每個月打個電話，是我一直保留下來的習慣，聊的多是家長里短、生活日常，可就是這種細水長流的感情，更能讓人體會人間煙火和股股暖意。

別高估自己在別人心目中的位置

在這個世界上，受了傷舔舐傷口的只有自己，所有的痛最終還是自己承擔，即使有人幫助，有人同情，收拾殘局的還是自己，永遠不要高估自己在別人心目中的位置，永遠不要把別人作為精神支柱，自立自強才能讓自己強大和充實。

嚴於律己，寬以待人

改變自己遠遠比改變他人容易，對自己嚴苛一些，因為你想在為人處事中做到問心無愧，對別人寬容些，因為希望愈大，失望愈大，最終困擾到的還是自己。

君子之交淡如水

　　與人交往，心胸坦蕩，毫無戒備，輕鬆自然，無須謙卑。珍惜那些時隔多年依舊留在身邊的人，他們身上已經留下了我們自己的痕跡；祝福那些已經遠走高飛的人，人生旅途走走停停，每一次經過都是風景。

PART 2

別讓不好意思，
錯失有效人脈

1

拒絕敏感者：克服被拒絕的恐懼

你是否有這樣一種心態：因為害怕被拒絕，所以選擇了什麼都不做。

想邀請心儀的人約會、想跟一位朋友借錢、想爭取一份工作、想表達自己的意見……但是都因為害怕被拒絕，給自己一個看似合理的藉口——反正可能性也不大，於是不了了之。

害怕被拒絕，本質上講是不自信的表現，因此也失去了很多的機會，我們把這類人稱為「拒絕敏感者」，《中國健康心理學雜誌》中講道：「高拒絕敏感者在與他人的交往過程中，擔心自己是否會被他人所拒絕，對他人可能的拒絕存在焦慮性的預期，預先認為別人會拒絕自己的要求。」

當被拒絕時，拒絕敏感者覺得自尊心受到了傷害，而對於人際關係中那些模稜兩可的社交情景，拒絕敏感者更能察覺到自己被拒絕，從而產生生氣、沮喪的情緒，為了避免丟臉，就產生了逃避的想法，為了不被拒絕，哪怕選擇什麼

都不做。

我們究其原因，心理學人際關係理論認為，早年父母不正確的行為，給孩子傳遞了不恰當的拒絕信號，比如獨斷專制的教養方式，拒絕孩子的合理需求，從而導致孩子遭到外界拒絕時會更加沮喪。比如早年生活在沒有安全感的環境之中，父母經常爭吵、家暴，在缺乏安全感的環境下成長的孩子，往往過度敏感、自卑、自尊心極強，面對拒絕就會感到無地自容。

對於拒絕過度敏感，不僅僅讓我們錯失非常多的機遇，也導致我們在人際交往中產生厭倦、憂鬱的情緒，影響人際交往的品質，因此做出一些改變是非常有必要的。

從拒絕別人做起

你一定體驗過被人拒絕的尷尬和失落，而拒絕敏感者會將這一情緒放大化，他們覺得被拒絕是一件十分痛苦的事情，當別人過來請求他們幫助時，為了不給他人帶來痛苦，他們往往就不會拒絕──哪怕委屈自己，也不好意思拒絕別人。

抱有這樣的一種心態，只會讓自己陷入糾結，這是將拒絕妖魔化的心理，其實拒絕只是人生常態，每個人都會拒絕

他人，也會遭到他人的拒絕。

學會拒絕，是杜絕害怕被拒絕的開始，當有人來找你幫忙，在你能力有限的情況下要拒絕對方，這時你的拒絕是合理的，只要你能夠注意拒絕時的方式，盡量委婉一些，表達清楚自己的處境，別人也不會因為你的這次拒絕而疏遠你。

當你可以自如地拒絕別人，你會發現拒絕並不是一件可怕的事，你會盡量想要對別人有所幫助，但是當時的情境或者能力，導致你無法滿足對方的訴求，於是你選擇拒絕他，你的拒絕沒有絲毫的貶義。而在生活的大多數情況下，你被別人拒絕時，別人心裡也是這樣想的，他們的拒絕也都沒有什麼惡意。

養成就事論事的心態

平時我會和朋友辯論，有時激烈到火花四濺，在外人看來我們像是在吵架，其實辯論完我們又會開心地去喝酒。

因為我們的辯論是就事論事，而不是針對某個人。

有一些人總喜歡「人事不分」，當自己被拒絕時，別人拒絕的是「事」本身，而他們卻會想成是因為針對他本人，是因為對自己心懷不滿，或者自己不討人喜歡。

這種想法很多時候是無中生有，自己給自己帶來不愉

快，在男女相處的過程中，這一矛盾十分常見，比如一個男生因為有事，拒絕了一個女生的某個要求，這個女生會想：他不愛我了。這就不是就事論事，而是就事論人，男生是因為「有事」拒絕了女生的「要求」，這位女生理解成了男生將「有事」作為藉口，拒絕了女生本人。

所以，養成就事論事的心態，就是去除「腦補」的過程，用理性的思維去看待人際關係，如果一個人當真是因為討厭你而拒絕你，我們自己只需要就事論事，問心無愧，那也沒有什麼好可怕的。

外向歸因解決拒絕敏感

史丹佛大學勞倫斯・豪威（Laurens Howe）等心理學家，在研究人們對拒絕時的反應的過程中，發現一類人傾向於內向歸因，他們將被拒絕的原因和自身連結在一起，被拒絕後，他們不斷反思自己的缺點，認為是自己不夠好才遭到拒絕，他們往往會有類似的想法：

「是我太內向了，所以他們才不喜歡我。」

「我真的不適合擁有愛情，永遠得不到幸福。」

「我沒有能力，太過懦弱，對於別人並沒有什麼價值。」

....

雖然反思自身的問題不是一件壞事，但是過於質疑自己會變得自卑，無視自己的價值和優點。

另一類人則傾向於外向歸因，當被拒絕時，他們顯得更從容一些，被拒絕是一件再正常不過的事情，不是自己可以控制的。

我們沒有辦法去控制別人的想法，也不能讓所有的人都喜歡自己，每個人都有自己不同的喜好，所以我們無法滿足所有人的要求，我們從小受到的教育，都是從自身找問題，這並不完全正確，無法抗拒的外界客觀事物，也能決定人的一生，因此，在面對拒絕時，不要只認為是自己的原因，學會外向歸因，你會輕鬆很多。

提高對方的心理底線

想要提出一項要求，又怕被拒絕怎麼辦？行為心理學中的一個方法十分有效：提高對方的心理底線，根據人的行為心理，降低被拒絕的可能性。

比如說，張三想請媽媽買一部小米手機給他，又擔心被拒絕，於是他就想了一個辦法：向媽媽提出要一部蘋果手機，說蘋果手機功能強大，顏值高，而且拿出去很有面子。

　　果不其然，即使死纏爛打，媽媽還是以價格太貴、不要愛慕虛榮拒絕了他。於是張三顯得極為失落，並且向媽媽妥協：「既然不買蘋果手機給我，買性價比高的小米手機總可以吧？」這次媽媽看他妥協了，不好意思再次拒絕，就同意買一部小米手機給他。

　　一開始，張三提出非常高的要求，讓他媽媽有了一定的心理準備，接著再提出相對低一些的要求，就會顯得更加合理。

　　一位商人按 100 元的單價，批發了一批褲子，對外零售時，商人將褲子標價為一條 250 元。實際上，只要以一條 150 元的價格賣出，商人就很滿意了，之所以標價高，是先給買家一個價格預期，大多數人會將 50 元砍去，以 200 元購買，即使是很會講價的老買手，也不好意思攔腰砍價，即使最終以 150 元的價格成交，商人也有著不錯的利潤。

　　在職場中，有的主管想要某位員工完成 100 萬的業績目標，會先要求員工完成 200 萬的目標，這可能超出了員工的能力範疇，員工很可能會討價還價，這時再讓他完成 100 萬的目標，他就不好再拒絕了。

　　魯迅在《無聲的中國》裡寫道：「這屋子太暗，須在這裡開一個窗，大家一定不允許的。但如果你主張拆掉屋頂，

他們就會來調和，願意開窗了。」

這種心理不僅僅存在於中國，它是全人類的心理現象，利用這種提高對方的心理底線，向對方提出一個過高的要求，再去提出一個自己想要的要求，運用好這個策略，對方也不好意思拒絕你。

轉變心態，不以獲得接納為目的

當你向別人爭取一件事情時，你是否會將獲得接納作為目標？

比如參加一次面試，將獲得公司的 offer（錄取通知）作為目標；參加一次比賽，將獲得冠軍作為目標；尋求朋友幫助，想著對方一定要幫忙。

對於拒絕敏感者，如果以獲得接納為目標，一旦沒能獲得成功，就會產生巨大的心理落差，打擊了積極性，長此以往就成了惡性循環。

因此，學會轉變心態，不以獲得接納為目的，不需要太強的功利心，而是將個人體驗作為目的，即使被拒絕，沒能取得想要的成績，但也能夠在追求自我的體驗中獲得成就，完整地去表達自己的態度，在展示自己的優勢中獲得提升，這也是一種生活目標。

　　有很多事，我們去做了，不一定會達到預期的結果，但去做的過程本身就是一種閱歷，而這些閱歷也增加了我們被拒絕的勇氣。

抱著被拒絕 100 次的心態去做事

　　我對 TED 演講中的一位演講者印象深刻，他叫蔣甲，這期演講中，他的主題探索了很多人都害怕的領域——拒絕。

　　小時候，蔣甲經歷過在眾目睽睽下被拒絕，因此困擾了很多年，於是他做了一系列大膽的嘗試：

- 在馬路上向陌生人借 100 美元。
- 在漢堡店裡向店員提出「漢堡續杯」的要求。
- 捧著一束花去陌生人家裡，詢問是否可以將花種在他家裡。
- 對不認識的大學教師提出，幫他上一節課。

············

　　這些瘋狂的舉動自然也遭到了無數次拒絕，被拒絕了 100 次後，世界開始對他說「yes」，被拒絕也沒有什麼大不了的，他從此不再懼怕被拒絕。

　　我在上大學時兼職去發傳單，當我將傳單遞給路人時，

有的路人並不搭理，匆匆而過。一開始我心裡並不好受，於是我降低了心理預期，抱著會被拒絕的心態去發傳單，哪怕被拒絕也在意料之中，心裡也就平靜了很多。

後來在生活中，我抱著被拒絕的心態去做事，哪怕知道會被拒絕，也要盡力一試，而驚喜往往藏在不經意之間。

想要克服對拒絕的敏感，除了這些理論知識，最重要的還是厚著臉皮去嘗試，抱著被拒絕 100 次的心態去做事，直到對拒絕麻木，才能夠真正放下那些虛無的面子和虛榮心，走向成長。

拒絕敏感者，並非無法改變，我們需要拋棄被拒絕後「我不行」或者「他沒眼光」這類的想法，以積極的心態看人，以自愛的心態看我，不斷嘗試，不斷探索，在這個複雜的世界簡單地去生活。

2

擺脫社交焦慮，別把交往當負擔

李氏社交焦慮量表

你有沒有經歷過這樣的心理體驗：

在會議上，主管讓你發表一下你的看法，你總是感覺戰戰兢兢，生怕自己說得不好，會被同事們嘲笑。

在公眾場合發言，會出現情緒緊張、身體發抖、臉紅心跳、說話口吃等現象。在理髮店裡，面對髮廊小妹的辦卡推銷，一方面自己不想辦卡，一方面又不好意思拒絕，在拒絕時感覺到內疚和緊張。

一個人走在大街上，總是渾身不自在，覺得別人都在用異樣的眼光看你，當被人注視時，就會覺得自己哪裡出了問題。

為了避免與人正面衝突或者當眾講話，害怕成為眾人關注的焦點，社交焦慮者往往會逃避社交，回避衝突，將社交

看作一項可怕的事情。對於沒有社交焦慮情緒的人而言，這些都是輕而易舉可以做到的小事，但是對於社交焦慮者來說，在公共場合表現自己是一種「災難」。

社交焦慮到了一定程度，就會變為社交恐懼，會嚴重影響到一個人的社交和生活，在恐懼心理下，會變得更加自卑，脫離社會人群，久而久之成了惡性循環。但一旦能夠突破自我，糾正社交恐懼心態，人生就會如魚得水，豁然開朗。

在日常生活中，你可能根據自己的行為表現，可以初步判斷你自己有社交恐懼症，但往往不夠準確，輕微的社交恐懼只是情緒問題，而嚴重到影響生活品質的社交恐懼症是一種心理疾病，所以我們需要採取科學的方式，對自己的心理情緒做初步判定，更好地瞭解自己。

我們先來看一組心理學量表——李氏社交焦慮量表（Liebowitz Social Anxiety，LSAS），這是哥倫比亞大學精神病學家 Michael Liebowitz（邁克爾‧李波維茲）編制的一套社交恐懼症自測表，測試結果和臨床診斷具有較高的一致性。

根據自己的真實情況，分別對以下情景中自己的恐懼和回避程度打分：

· **恐懼或焦慮程度**：無＝0分，輕度＝1分，中度＝

2 分，嚴重＝ 3 分

- **回避程度**：從未（0）＝ 0 分，偶爾（1% -33％）
  ＝ 1 分，經常（34% -66％）＝ 2 分，總是（67% -
  100％）＝ 3 分

最後將恐懼或焦慮程度與回避程度的分值相加，共計
144 分。

1. 公眾場合打電話。

2. 參加小組活動。

3. 公眾場合吃東西。

4. 公共場合與人共飲。

5. 與重要人物談話。

6. 在聽眾前表演、演示或演講。

7. 參加聚會。

8. 在有人注視下工作。

9. 被人注視下書寫。

10. 與不太熟悉的人打電話。

11. 與不太熟悉的人交談。

12. 與陌生人會面。

13. 在公共廁所小便。

14. 進入已有人就座的房間。

15. 成為關注的中心。

16. 在會議上發言。

17. 參加測試。

18. 對不太熟悉的人表達不同的觀點和看法。

19. 與不太熟悉的人目光對視。

20. 在小組中彙報。

21. 試著搭識某人。

22. 去商店退貨。

23. 組織聚會。

24. 拒絕推銷員的強制推銷。

自測表總分數 144 分，根據實際情況設想上述場景，盡量清晰還原在相應情況下的真實情緒和行為。

0 ～ 30 分：無社交恐懼症。

31 ～ 60 分：輕度社交恐懼症，需要適度調節心理。

61 ～ 90 分：中度社交恐懼症，建議諮詢心理醫生。

91 ～ 144 分：重度社交恐懼症，應盡快向專家諮詢進行診斷。

最終你得了多少分呢？如果你只是輕度或者中度社交恐懼症，這篇文章或許能夠給你帶來幫助，但如果你是重度社交恐懼症，那麼一定要去正規的醫院進行醫學治療。

社交恐懼症

在心理學範圍裡，對社交恐懼症的根源，不同學派有不同的說法，無論是遺傳還是後天環境，都是社交恐懼症的產生因素。

我們最常見到的社交恐懼情緒，是由個人心理認知偏差和成長環境造成的，比如一個人從人格上表現出的特徵為：極度敏感、內向、缺乏信心。這類人在思考方式上具有高度的自我關注度，過於在乎別人的看法，擔心因為自己造成對他人的困擾。

中國科學院心理研究所有論文研究認為，歪曲的認知是「社交恐懼」的核心特徵。秉持「社交恐懼」的人看似不喜社交，實際上非常在意自己在他人面前的表現。

首先，這樣的認知高估了他人對自己的關注程度；其次，這樣的認知不夠客觀準確，社交焦慮者往往誇大了自己的小錯誤帶來的影響；最後，社交焦慮者對他人負面或中性的社交線索過於敏感。

從成長環境上來看，父母對孩子的過度保護和過分控制，以及父母婚姻的衝突等原因，都會使人變得自卑、焦慮，從而引起社交恐懼心理。

可以想像一下，在一個人成長過程中做錯了事，得不到

安慰，父母還會劈頭蓋臉一頓臭罵；做對了事有進步了，父母也不會表揚，得不到肯定，甚至還會拿別人家的孩子進行對比。父母的這種教育方式，出發點是想要嚴格要求孩子，但同時會使孩子產生自卑心理，得不到認同感和安全感。

在家得不到認同時，他的心裡就缺乏他人的認可，走到社會中，他會過分關注自己在他人心中的形象，哪怕別人完全沒有針對自己，也會覺得像自己犯了錯一樣，比如傳訊息時給別人，如果別人沒有及時回覆，就會猜測是不是因為被討厭了。

被主管說了一句，就覺得自己在主管心目中的形象破碎了，開始鬱鬱寡歡。當眾講話時格外害怕，擔心自己會出醜，漸漸地，這種內心豐富的情緒成了玻璃心，關注別人的一舉一動，生怕別人不認可自己。

反觀那些從小生活環境優越、在父母鼓勵式教育下成長的人，在面對社交時常常表現得非常有自信，甚至有一些自我。小的時候，他們絕不是習慣躲在角落裡的小可憐，常常透過動作、聲音來引起大人們的注意，長大後他們依舊熱衷於表現自己，享受成為人們視覺的焦點，對這類人而言，社交恐懼是一件難以想像的事。

與社交恐懼和平共處

在美國，社交恐懼症被列為僅次於憂鬱症和酗酒的第三大精神疾病。日本為了避免社交恐懼患者與人進行接觸，人性化地將很多餐廳設置成自助點餐，取餐時也會用隔板擋住服務人員，可見社交恐懼對人影響巨大，難以治癒。如果你只是輕微的社交恐懼，依舊不可小覷，僅僅停留在「知」的層面上，不足以改變生活，更重要的是「知行合一」，下定決心，從行為上做出改變。

1. 突破現狀，進行自信心訓練

儘管學術界對社交恐懼的緣由存在爭議，但大部分研究顯示，自卑和高自尊有著密切聯繫，這種對自我在別人心目中的認知偏差，其實來源於生活實際，自卑的人往往對自己的現狀感到不滿，擺脫社交恐懼，就不得不從進行自信心訓練開始做起。

要從自己的外在形象做出改變，人與人最直觀的接觸就是外在，一個外在氣質清爽乾淨的人，能夠提高在別人心中的好感度，對自己外在的不滿意，是引發自卑的重要因素，你需要從著裝、皮膚、髮型、身材、乾淨等方面做改進。

把錢投資在自己身上，花時間護理自己的皮膚，學習穿

搭技巧，增加運動時長，減脂健身，保持好個人衛生，個人形象不一定要多麼帥氣或美貌，但是要提升個人品味，做到清爽乾淨不油膩。

自信來源於成功的累積，嘗試和不同的陌生人聊天，你會發現大多數人都很熱情，你可以在去做某一件事之前做好最壞的打算，事情發生時你會發現，自己預想到的可怕情形並不會出現，當你的嘗試取得了成功，要對自己進行心理暗示，告訴自己能行，社交沒有想像中可怕。

如果當眾講話對你來說依舊很困難，你可以練習和自己最好的朋友發表自己的見解，逐步將這一套熟悉的說辭講給普通朋友，再到剛剛熟識的人，從一、兩個人再到三、四個人。想要擺脫恐懼沒有什麼特效藥，只能一點點地去行動，最終至少要做到在一個小團隊中，你可以自如地發表看法，不再畏懼別人的眼光。

嘗試自己從未敢涉足的領域，你需要認清現實，人的自卑不是空穴來風，它反應了你自身的不足，在成長過程中，你一定有一些不敢涉足的領域，比如說英語、拉單槓、當眾講話、學游泳……，將它們用筆記本記錄下來，這些你曾害怕的事情，正是你的弱點所在，你需要逐個去克服它們，只有正視自己內心深處最害怕的事情，才能訓練自己的自信心。按照這種方法慢慢地去面對，哪怕一個月只成功了一

點點，遲早有一天你會變得富足強大，一開始肯定非常難，但是只要能夠堅持克服，你的內心就會感覺到極大的充實和滿足。

2. 從回避到面對

你計畫和朋友們一起出去旅行，但快要出發時又覺得出遠門很麻煩，還要接觸很多人，不如在家裡舒舒服服地看電視劇，於是就想改變主意。一旦到了要做出行動或者改變時，立刻就會想到回避，習慣回避是因為只要用一句話拒絕了這件事，就會回到舒適區，變得輕鬆愉快。

回避是一件低成本的事情，當遇到問題時，回避要比努力解決問題省時省力，長此以往就會把自己關在一個牢籠裡，不去接觸世間萬物，是最輕鬆的生活方式。

然而我想說的是，當你內心的小惡魔冒出來，告訴你可以回避，回避後又是輕鬆的生活時，你要堅定地消滅它，看似回避更加高效，其實它禁錮了你的社交圈，讓你變得孤僻、寂寞、冷淡、陰鬱。

從回避到面對，需要一定的勇氣和自制力，有很多時候，社交焦慮者會誇大事情的嚴重性，在心中反覆預演嚴重的後果，為了避免衝突，於是選擇了回避。問題不會因為回避就消失不見，當你不去解決它，它還會以另一種形式存

在，一直對你產生困擾，而面對生活就是面對懦弱的自己，解決問題就是為了成為生活的強者。

3. 認識自己，杜絕完美主義

當你想要做一件事情時，你總是會覺得時機不夠成熟，自己還不夠完美，這件事情就因此往後拖延，最終事情依舊沒有得到改變。一直執著於自己的缺陷，因為自己的不完美而感到自卑。

精神科醫生弗雷德里克・方熱在《從自我苛求中解放出來》中講道：「要被別人喜愛、欣賞，要成功，你應該表現得有意思，值得關注，清晰流暢地表達自己，有問必答。在這個男人面前展現你的女性魅力和智慧，像個無所不能的女超人；在這個女人面前展現你的男人本色，風趣幽默，懂得逗她開心。」

實際上，諸如此類「必須達到」的要求，對應著我們給自己設定的種種法則，我們屈從於這些法則，卻從來都沒想過它們是否適用於我們正在經歷的境況，而這些正是我們生活中很大一部分苦惱的根源。

每一個人都不完美，十全十美是上天的尺度，那些不完美也造就了獨一無二的自己，它們也許並不是我們的敵人，而是我們的朋友。

　　我們生活中極大的痛苦來源，是不斷糾結於適應種種規則，完美主義者是對自己的不認可，是對失敗感到恐懼，而自信卻是接受自己的不完美，接納自己的優點和缺點，感謝自己不完美，真正內心強大的人明白，想要進步必須經歷失敗，不完美的自己依舊擁有家人、朋友的愛戴，因為自己無可替代。

4. 與社交恐懼和平共處

　　我們知道，現在有很多無法治癒的疾病，比如高血壓，但人們只需要控制好血壓在標準血壓值的範圍內，即使有高血壓這種疾病，依舊不影響生活品質。

　　如果你的社交恐懼不是特別嚴重，也可以認同它的存在，我們都知道，改變一個人的性格不是一件容易的事，如果你覺得你可以和它和平共處。

　　仔細想想，社交恐懼會被人說性格內向、羞澀、不合群，但是這又能怎麼樣呢？每一個人都有自己的個性，擁有選擇自己舒適的生活的權利，我們的社會應該對社交恐懼患者多一些包容和理解，顧及他們的心理感受，現實生活中，的確有大量的社交恐懼症患者沒有克服社交恐懼，依然以自己的方式生活著，他們在人群中的比例並不算低，在減少了社交後享受獨處的時光和樂趣，簡化社交場合，只和一小部

分人來往。

當然，如果你依舊被社交恐懼所困擾，還是建議你在行為上改變自己的同時，向心理諮詢師進行諮詢，不要因為社交恐懼，連心理醫生都不敢面對喲。

3

移情溝通：讓表達更有感染力

你真的聽得懂別人的話嗎？

你有沒有注意到，在人與人的溝通中，存在著理解偏差。

你的內心明明有多個想法，但是在表達的一瞬間忽然詞窮，好像無法將內心想法透過言語表達出來，而你的心聲、你的表達和別人的理解，三者不在同一條線上，就會造成誤解。

假設你在跟你女朋友討論家裡是要買一款價格適中的美的冰箱，還是買一款價格昂貴的西門子冰箱。你說：「我覺得現在國產冰箱已經做得非常好了，而且冰箱本身技術門檻不是很高，買一臺價格便宜些的比較划算。」

女朋友表示：「西門子的冰箱品質好，儘管看起來比國產的貴一些，但是用起來性能更好，而且冰箱可以用好多

年，沒有必要省這幾千塊錢。」

「可是幾千塊錢我們就可以再買一臺筆記型電腦了，西門子冰箱實在太貴了，性價比並不高……」你把聲音抬高了。

「你是不想花這個錢買吧，為了這點小事還需要討論那麼久，你是不是不愛我了，你要是已經不喜歡我了，那就分手好了。」女朋友已經開始生氣。

你看，本來是在討論該買一臺什麼樣的冰箱，到後面成了「你到底還愛不愛我」的論調。男生講的是理性，女生講的是態度，女生更在意的是男生的語氣語調，以及是否滿足自己的需求，男生更在意的是如何買到高性價比的產品。

在同一件事情上，不同人的關注點就不一樣，每個人都在表達自己在意的東西，對別人內心的真實想法卻無法感知。很多時候，你否定別人的觀點時，別人會錯誤地理解成你在否定他本人。

對大多數人而言，所掌握的詞彙量和表達技巧不足以表達內心，而極具洞察力的人，卻可以透過表相，捕捉到對方的真實想法。同時，他們的表達能力同樣很強，在察覺到對方內心想法後，就可以根據對方的意思調整自己的語言，從而達到自己的目的，我們將這種能力稱為「移情溝通能力」。

考慮對方的心理感受

你和你的朋友一起去逛街，夏日炎炎，陽光明媚。這時你們路過一間便利商店，你的朋友跑進去給自己買了一瓶水，這時你是什麼樣的心理感受？

如果這時你也想喝水，然後再進去給自己買一瓶會覺得不好意思，如果你的朋友在進去買水時問一下你要不要也喝一瓶，或者直接買兩瓶水遞到你手上，是不是心裡會舒服很多呢？

這個例子不是個例，我遇到過不少這樣的人，甚至還遇到過三五個人一起出去玩，他讓我們先走，直接一個人到便利商店買了一瓶可樂。當然這不是要求你必須給別人買水，而是獨食的行為非常容易拉遠人與人之間的距離，還會落下不會辦事的話柄。

一般情況下，如果我和別人一起逛街，我會問他渴不渴，或者直接叫他去便利商店自己挑一瓶，當你口渴的時候，要想到你身邊的人也可能口渴了，一瓶水雖然不值多少錢，但是口渴卻並不是舒服的體驗，一瓶水能夠緩解一身的疲累，更能拉近你與朋友的關係。

之前一位朋友拉我陪他逛街買衣服，本來我們兩個在商場裡有說有笑，中途他碰到一個熟人，我本來以為他上前去

打個招呼就走，誰知道兩個人就這樣聊起來了，從工作聊到家常，從過去聊到未來……

我就很尷尬地在那兒站著，因為我並不認識對方，對方只是問了句這位是誰，就依舊沒完沒了地和我這位朋友話起了家常，我在那兒顯得很尷尬，站也不是坐也沒地，竟然足足等了他 20 分鐘。就在我提出要求說要先到附近逛逛時，朋友才回過神來，表示要和我一起，才和那位熟人道別。

這位朋友就是典型的共情能力不高，他做出一種行為時，體會不到身邊人的感受，自顧自地想著自己的表達欲。如果你和朋友一起逛街時，碰到了你朋友不認識的熟人，你需要想到你朋友不認識他，在一起聊天會比較尷尬，為了避免尷尬，你只需用一分鐘時間和熟人打個招呼寒暄一下，表示下次有空再一起出來聊聊，這樣說對方完全可以理解。

類似的情況還有很多，比如三個人出行，其中兩個人就一個話題沒完沒了地聊，第三個人在一旁完全插不上話，只能假裝玩手機，那兩位聊得好的，說不定還以為第三個人是個不合群的「低頭族」。

如果三個人中有一個情商高的人，就會在中間調和，找一些大家都能說上幾句的話題，並且顧及每一個人的感受，時不時地反問對方他的看法，讓別人都可以參與進來形成互動，讓三個人的小聚變得其樂融融，氣氛也會活潑起來。

一般我和幾個朋友一起出去遊玩，大家總是能聊得來，因為我能夠自然而然地根據他們不同的性格，做出不同應對：內向不愛說話的，需要多去問他的看法；幽默搞笑的，就讓他多講一些笑話逗大家開心；兩個人觀點針鋒相對時，就要做中間的和事佬，緩解矛盾小事。

一個善於溝通的人，不是可以滔滔不絕、出口成章，而是會在人群中調和引導，遊刃有餘。善於溝通者往往在小團體中具有領導力，這種領導力就在於能夠透過他，將周圍的人聯繫起來，善於溝通者就成了小團體的中間人，如果哪天他不在，團體中的其他人可能很難聊得起來。

移情溝通，就是共情能力與表達能力的結合，當你真正可以設身處地為他人著想，感知他人的境遇，並且透過表達做出回應，這樣對方就能感受到你的關心和理解。

如果一個人孤獨的時候、痛苦的時候、尷尬的時候、愉悅的時候，你都能體諒對方，陪著他們一起傷心、一起開心，你們的關係會變得堅如磐石。

將否定變為肯定

你是否聽到過身邊人用這類口吻說話：

「你必須得把這個事情給做完。」

「不要買這種垃圾食品吃。」

「不對，我覺得你這個說法太片面了。」

「我覺得你這件事辦得很糟糕。」

「你再出去喝酒就不要回來了！」

當有人用這種語氣跟你說話時，你的心理感受是什麼樣的？每一個人都有自尊心，都希望能夠得到認可和獨立，當你被別人用否定的語氣評判時，不管對方說的有沒有道理，你都是不開心的。

在心理學中有個「南風效應」，是說在人際交往中，溫和平等的交流方式就像春日南風，讓人感覺到微風拂面的舒適感；而針鋒相對的交流，會讓人產生反抗心理和反感，哪怕你說得很有道理，別人也不願意去傾聽。

當你在用否定的語氣對另一個人講話時，可能你否定的是他的觀點或者行為，但人們往往會認為你在否定他們本身，你對他有意見。

如果你學會在生活中將否定變為肯定，你的講話就會少了戾氣，別人更能夠聽得進去。

我們看一組講話：

A：你再出去喝酒就不要回來了！

B：我覺得你哪裡都好，就是愛喝酒的毛病讓人難以接受。

　　A 的説話語氣咄咄逼人，是生活中妻子對丈夫的慣用語言，然而你去觀察這類夫妻，這樣説話儘管嚴厲，但完全起不了任何效果，反而家庭矛盾愈演愈烈，留下的只有丈夫摔門而出的背影。

　　B 運用了先肯定再否定的説話方式，這個是一般勸誡別人常用的技巧，要比 A 給人的感覺更溫和一些，先説對方優點，讓他能夠聽得進去，然後用「但是」進行轉折，就好像在一個女生拒絕別人表白時候説：其實你人很好⋯⋯但是我們不合適，「但是」前面的話其實在腦海裡會自動略過，「但是」後面才是意圖。

　　C：我覺得你很優秀，為家裡忙碌奔波，賺錢養家，能夠和你在一起我覺得很幸福，我喜歡你，更喜歡不喝酒的你。

　　我們再來對比 C 的一段表達，她拋棄了對丈夫的否定，用完全肯定的態度誇讚對方，最後一句給人的感覺不是勸誡和命令，更是平等的請求和期盼。

積極樂觀的表達技巧

　　人的情緒會傳染，積極陽光的人總能給周圍的人正能量，而被負面情緒包圍的人，整日鬱鬱寡歡，對生活沒有熱

情，也會影響別人的情緒。

現在這個「喪」文化橫行的時代，如果身邊有一個正能量的人，是難能可貴的，做一個積極樂觀的人，周圍會出現一種積極的「能量場」，影響周圍人的情緒，同時讓自己變得陽光開朗。

當朋友向你抱怨：「每天都要加班好累啊！」

這時如果你跟著他一起抱怨，非但不會緩解對方的情緒，也會受到他負面情緒的影響，開始思考加班有多麼累，影響一整天的心情。

這時你回應他：「確實是呀！不過你加班還有錢賺，加加油！把這個任務完成了，就會有一筆不少的收入呢！」

當你的朋友給你發消息說：「晚安。」這時你如果也只是回覆一句晚安，就會顯得平淡無奇，如果你說：「晚安啦，你今晚肯定可以好夢，說不定我們可以在夢裡接著聊呢。」你的朋友肯定會在螢幕前面會心一笑。

想要將陽光傳遞給別人，首先自己要成為一個積極向上的人，凡事往好的地方想，用幽默來裝點無趣的日常，這樣的你會因為樂觀影響到其他人，成為人群中的一個小太陽。

4

內心敏感、多疑、玻璃心人群的生活指南

高敏感人格

你是屬於神經大條還是敏感的人呢？你的敏感和細膩會不會影響到你的生活？你是否害怕衝突，下意識地用妥協來避免矛盾？

高敏感是一種人格特徵，而形成一個人內心敏感的原因是非常複雜的。據相關統計顯示：具有高敏感人格的人約占總人口的 20%，而具有高敏感人格的人都是內向人群。

內向的人往往更加細心、謹慎，言語間的表達不多，但內心很活躍，也往往更擅長獨處和思考。但是高敏感群體害怕引起衝突，具有迎合型人格，常常伴隨著消極、焦慮、自卑、恐慌的情緒。

我們的人格特徵大多是受後天環境影響形成的，比如一個人童年時家庭條件很好，各方面需求都能得到滿足，那他

很容易會成為一個外向、自信的人；如果一個人的童年各方面都很匱乏，很容易就能學會察言觀色，説話做事都會考慮大人的想法，很容易成為敏感、自卑的人。

幾乎所有內心敏感的人，都會覺得自己是人群中的異類，也會羨慕那些和自己完全相反的人，覺得他們是活得輕鬆自在的。會因為這樣開始試著改變自己，然而人的性格沒有那麼容易説改就改，如果一直處於想要改變卻無能為力的狀態的話，只會讓自己變得更不舒服。與其改變性格，不如好好地接受，或者和它成為夥伴也不錯。

我們無法改變已經成為過去的童年，無論在那個階段經歷過什麼，但仍然可以靠自己盡量消除對我們之後人生的負面影響。不論你屬於哪一種性格，都有它的好與壞，我們能做的，就是與自己的內心和諧共處。

與自己的內心和諧共處

如何才能做到與自己的內心和諧共處呢？

第一，遵循內心做自己

如果你已經確定自己是一個內心敏感的人，那麼首先要恭喜你找到了自己的性格定位。我們的性格都是在生活裡積

累形成的，它不可能完美，只有或大或小的缺陷，但我們需要先接受它，因為它就代表了過去幾十年的你。

　　這對敏感的人來說是不容易的，因為他們通常也是完美主義者，不能容許瑕疵的存在，可世界上就沒有完美，只有我們不斷追求完美這回事。我們都需要明白，不論性格是內向還是外向，敏感還是鈍感，本身都沒有好壞之分，反應在每個人的身上，就會產生一些問題，我們要改變的是這些問題，而不是性格。

　　在做一些決定的時候，別人的看法固然重要，但我們首先考慮的應該是自己的內心。如果你覺得敏感這種性格給你帶來了很大的困擾，那可以做出調整，這種調整不是讓你改頭換面成為一個不敏感的人，而是解決敏感帶給你的問題。在遵循內心的基礎上調整，到最後你可能依舊是敏感型人格，但這種人格中的困擾已經被你解決了。

第二，勇敢表達自己的困擾

　　對於高敏感的人群而言，我們常常不表達內心的真正想法，有的是不敢表達，有的是不好意思表達。拿我自己舉例，之前無論是與人交往還是在學習中遇到問題，我都選擇自己解決，不是我不想向人求助，而是我總擔心會打擾別人，有些話說不出口，不知道哪句話會讓別人為難，也許普

通的關係因為我的話就會破裂也說不定。然而，這卻讓我陷入了惡性循環，因為有些話我不說，別人就不知道，我會因此陷入更糾結、更痛苦的境地。

我的一個朋友很愛生氣，每次和他聊天時，如果兩個人有一些意見上的分歧，他就會開始認真，甚至會因為這種情況和我發脾氣，這讓我一直都很不爽，我又不好意思也對他發脾氣，只能悶著不出聲。

後來又出現了這種情況，我當時很嚴肅地對他說：「我們只是討論一個問題，先不論對錯與否，但是沒到隨意發脾氣的地步，而且你發脾氣完全沒考慮我的感受，這樣是不合適的。」聽了我的話之後，他對我道歉了，承認自己忽略了我的感受，以後一定會注意自己的情緒。

很多時候，人與人之間的問題就在於大家都不肯把問題挑明來說，這也是很多矛盾產生的重要原因之一。如果你因為別人的話感到被冒犯或是不愉快，應該勇敢地表達出來，哪怕委婉一些。

不要擔心自己會讓別人尷尬，你只有表達出自己的不滿，別人才會覺得不好意思，才能透過溝通來解決問題。如果你受了委屈不懂得表達，慢慢地，自己就會被人當成好欺負的對象，而你則會因此陷入不斷痛苦的閉環。

第三，你不需要為別人的情緒買單

敏感的人往往能察覺出別人情緒的變化，他們會禁不住去猜測對方為什麼不開心，是不是自己哪句話說得不合適，傷害到對方了？想到這裡，就會開始責備自己，哪怕不清楚對方情緒變化的原因。

敏感的人通常不願意說話，但每句說出口的話，都是在大腦裡深思熟慮過的，這樣的人都是心軟的人。嚴歌苓曾經說過：「心太軟的人快樂是不容易的，別人傷害她或是她傷害別人，都能讓她在心裡病一場。」

而那些性格外向、鈍感的人，就不會為這樣的事擔憂，他們不是不在乎別人的感受，而是不能像敏感的人那樣，輕易察覺別人的喜怒哀樂。

我不評價這樣算好還是不好，但敏感的我們確實應該懂得，自己不需要為別人的情緒買單。我們在說話做事的時候考慮別人的感受是自己的修養，但我們無法考慮到所有因素，更多的時候只是對自己的情緒負責。

在人際交往中，沒有人可以讓所有人都舒服，別人的情緒變化來自事情本身，而不是你的原因，一個成年人需要懂得控制自己的情緒，但是沒有義務為別人的情緒買單。

第四，只管好自己不是自私和冷漠

　　敏感的人思維方式往往是向內的，他們很善於思考，也常常因為思考，帶給自己很多痛苦。比如當身邊的人遇到困難，自己幫不到別人，就會感到十分自責，這在敏感的人身上並不少見，經常會在幫助別人的同時折磨自己。

　　正常情況下，我們會問對方遇到了什麼問題，有什麼可以幫忙的地方，如果自己無能為力，就會直接說出口，讓對方再想其他的辦法。而敏感的人在同樣的情況下，首先是沒法說自己幫不到對方，而且會因為這樣感到自己很沒用，進而開始聯想，自己和對方會不會因為這件事導致關係不好，對方會不會覺得自己故意不幫他……等等。

　　敏感的人思考方式是從自我出發的，遇到問題都會主動反思自己，而這往往在遇到問題時成為折磨自己的原因，本來是好心幫助別人，最後弄得自己很難受。很多時候，我們能管好自己就已經很好了，如果可以幫到別人當然更好，但沒能幫到別人不是自己的錯，不要用這個來懲罰自己。

第五，犯錯也沒什麼大不了

　　敏感的人會將一些無須自己承擔的責任歸結到自己身上，從而讓內心多了很多無謂的壓力，這些本來並不是

你應該背負的。即便在生活中我們犯了一些錯，但那又怎麼樣呢？

敏感的人之所以經常被說成玻璃心，是因為他們對犯錯這件事特別在意，會因此感到特別痛苦，而且被批評之後，會產生特別多的聯想。他們會想，別人會不會因為這件事覺得自己是個不可靠的人，會不會因為這件事而全盤否定自己，自己以後是不是再也沒有機會可以和這個人平等相處……等等。

對於犯錯，我的建議是不要太在意，我們當然要學會吸取教訓，但不能過度苛責自己。犯錯是必然的，我們只需要經一事長一智，下次不再犯就好了，至於別人的批評，不要讓自己特別難受。世界上不會有人不犯錯，也不會有人沒犯過錯，吸取教訓就好了。

犯錯沒什麼大不了的，我們今天會犯錯，明天也會，永遠都會，但我們不能一輩子都和它認真下去。

第六，找到排解自己情緒的方式

我自己是個敏感的人，也曾經被這些問題困擾了很久，但我漸漸開始學會了調整自己，有了一些避免這些問題帶給自己痛苦的方法，更何況無論如何，總會有我們無法改變的事情存在。

　　如果自己受了委屈，可以選擇做一些喜歡的事情，宣洩自己的負面情緒。比如可以去跑步、打球、吃一頓大餐，或者選擇雲霄飛車這樣刺激性的項目，這些都可以大幅釋放自己的委屈感。

　　不要一個人待在封閉的空間瞎琢磨，哪怕找朋友出來聊一聊，或者打個電話給父母，這些都是可以減輕委屈感的方法。

　　最後要記得的是，對於每個人來說，自己都是最重要的，別讓委屈總是找上你。還有，在別人的意識裡，我們並沒有自己想得那麼重要。

5

骨子裡清高，內心卻自卑

在「知乎」網站上看到一個問題：自己太過清高，不食人間煙火而又自卑怎麼辦？

看到這個問題時，我的第一反應是，好像每個人都這麼覺得：骨子裡清高，內心卻自卑。

在我看來，之所以非常多的人都這麼覺得，是因為自卑的人太多，這種清高是由自卑生出來的。自卑源於一次次沒能正確看待失敗，自信來自一次次成功的體驗。

失敗時，行為上失敗了，但心裡依舊不服，解決不了問題，大不了可以繞道走，避免問題糾纏太多，就可以輕鬆回避了。

而這種心態就成為這裡所說的清高，這是在沒有辦法變得自信又想擺脫自卑下的產物。

有人認為自卑和清高是矛盾的，其實這種清高並不矛盾，與自卑矛盾的是自負，而這種清高是對自卑的反抗。

人活在世上，總得需要一些精神支柱，需要給自己找一

些理所當然的理由，才能說服自己的內心，如果內心是自卑的，於是就生出清高與它對抗。

因為自卑所以清高。我覺得這是正常的心理現象，人的心理需要保護機制，自卑時怕人瞧不起，清高起來即說服了自己不與他人同流合汙，給自己的格格不入找到一個合適的理由，又能合情合理地做我自己。

有人說清高是貶義詞，認為清高就是不合群，但在我看來，無論是清高還是不合群，都沒有貶義的意思。

在集體主義社會，綁架我的東西太多，條條框框的束縛依舊捆綁著合理的人性需求，從出生後開始，什麼時候做什麼事都被安排得明明白白，你需要很努力地滿足身邊人的期待，才能被周圍的人認同，而與眾不同的人就會被大眾指責。人的一生，你努力做到沒有辜負任何人，唯獨辜負了自己。

從別人家的孩子到別人家的老公，這種無意義的對比，讓自卑的種子早已種在了心裡生根發芽，當你真正想要丟掉它時，發現它已經根深蒂固。

這種周圍人的指責讓你變得不自信，以為自己做錯了什麼，多數時候其實並沒有，你只是順應了自身的天性。

不想合群，周圍的人又對你指指點點，讓你矛盾，變得自卑，而清高就是對周圍人的反抗。

　　按理說，你不需要看著別人的臉色生活，不需要敏感地在意別人的情緒，不合適的群就不要強融。別人的一喜一怒，你就敏感地覺得自己好像犯了錯一樣，這種自卑感最讓人難過的是你想拋棄它，卻又無能為力。

　　你的矛盾在於你想清高，想不食人間煙火，但是又怕別人說你冷淡，說你不合群。這是背著巨大包袱的清高，還是沒有做到真正的灑脫。

　　不如，就做個冷淡的人，被別人說成性格孤僻，與周圍人群顯得格格不入，這需要些被討厭的勇氣，需要點堅持本我的魄力。但是你得相信，世界那麼大，總有人和你相似，總有人能夠和你無話不談，擺脫那些讓自己苦惱的人，難道不好嗎？

　　要我說，讓清高勝利吧，別在意別人。

　　哪怕做一個自負的人，也別做自卑的人，自卑的人活得太累。

　　要麼開始改變，努力讓自己變得自信，在一次次成功的積累下，接受自己，認識自己，變得陽光開朗。

　　要麼就做一個清高的人，不食人間煙火，放下外界的眼光，放下包袱，我有我自己的世界和想法，個性獨特，不隨波逐流，率性而為。

　　總之，把那點可憐的自卑給丟掉。

6

好狀態不靠忍，駕馭你的負面情緒

你是一個情緒不穩定的人嗎？

小時候，人們透過哭喊、吵鬧宣洩情緒；成年後，有的人依舊不能控制自己的情緒，憤怒、焦慮、不安、傷感依舊控制著我們的行為。情緒控制力低的人，往往喜歡吵架、摔東西、憂鬱、急躁，他們的情緒總是寫在臉上，比如一些人和朋友玩遊戲，輸了以後一臉不開心，表現得十分明顯，帶給別人「輸不起」的感覺。

曾經有位君主說過：「能控制好自己情緒的人，比能拿下一座城池的將軍更偉大。」一個能夠控制好自己情緒的人，往往喜怒不形於色，給人帶來穩重感和安全感。

我之前看到過一個小故事：一個男孩脾氣很差，總是喜歡朝別人發脾氣，於是父親給了他一袋釘子，告訴他說：「每一次發脾氣，你就把一根釘子敲進院子裡的圍欄上。」

　　過了一天，小男孩就往圍欄上敲進去了 35 根釘子，也許是覺得釘釘子太麻煩，於是減少了發脾氣的次數，隨著時間的推移，慢慢地往圍欄上釘的釘子愈來愈少。

　　這時父親走過來告訴他：「從現在開始，你再想發脾氣的時候，試著控制住它，每控制住一次，就從圍欄上拔掉一根釘子。」

　　數日後，這個小男孩跑過來告訴父親，釘子已經全部被他拔下來了，他也學會了控制自己的情緒。

　　父親指著圍欄上的洞說：「你做得非常好，看到沒？這些洞，當你每一次發脾氣，就像釘子一樣插入別人心裡，讓別人感到難過，圍欄的洞會一直存在，你對別人造成的傷害，無論再怎麼道歉，都已經回不去了，所以今後你一定要學會控制自己的情緒，情緒穩定的人，才會受到大家的喜愛。」

　　將一個人打敗的不是別人，而是自己的情緒，面對壓力時，急躁、氣憤、煩惱都無法解決問題，最終這些情緒成了你最大的敵人，讓你選擇放棄。

　　人是感性的動物，不可能不被情緒左右，但愈是優秀的人，愈能調節情緒，在生活不順之時，保持積極向上挑戰自我的態度，才不會被負面情緒給打倒。

學會合理宣洩

當遇到負面情緒時，人們往往採取壓抑、發洩、轉移的方式進行調節。

有的人選擇壓抑在內心，表面上強顏歡笑，時間久了會造成憂鬱厭世心理，有的人會藉由摔東西、吵架、家暴的方式進行暴力發洩，將自己的不良情緒轉嫁給身邊人；有的人則是透過做別的事轉移注意力，但是每當夜深人靜的時候，還會輾轉難眠。

我們來看林肯先生是如何做的？

有一天，美國陸軍部長斯坦頓黑著臉跑來找林肯總統，告訴林肯說有一位少將用一些下三爛的話侮辱他，說他做得不公平，故意袒護一些人。

林肯告訴他說：「我的建議是你寫一封內容極為尖酸刻薄的信給那傢伙，記住，要狠狠地罵他一頓，給他點顏色瞧瞧。」

斯坦頓得到了建議後，立刻寫了一封措辭激烈的信，將這封信拿給林肯看。

林肯哈哈大笑道：「對了，對了！要的就是這個，你寫得真是絕妙啊！可以好好把他給教訓一頓了，讓這小子知道天高地厚，斯坦頓先生。」

得到總統的認可，斯坦頓高興起來，連忙將這封信裝進了信封中。

這時林肯卻問道：「你這是要做什麼？」

斯坦頓疑惑著說：「我這就寄出去啊！」

林肯嚴厲說道：「不要胡鬧，斯坦頓先生，這封信絕對不可以寄出去，快，那邊有個爐子，把它扔進爐子裡燒掉，但凡是生氣時寫的信，我都是這樣處理的。你在寫信的時候已經解氣了，現在是不是覺得好多了？快把它燒掉吧，重新寫一份，你會知道怎麼寫的。」

斯坦頓這時覺得已經不再那麼生氣了，反思自己為了這點小事動怒真不應該，於是開始理性地去處理這個問題了。

很多時候，憤怒的情緒冒上大腦，頓時覺得火冒三丈，但只需要停頓幾秒，或者合理宣洩一下，人就會重新恢復理智。成年人的世界總是世事紛擾，不能夠讓情緒表達出來，也不能壓抑自己，學會合理宣洩，是一個人高情商的表現。

改變你的姿態

情緒左右著人們的價值判斷、選擇和態度，直接影響自身的人際關係。

在心理學理療中，對情緒的緩解和控制可以從生理、心

理、精神的層面進行干預，適度運動、均衡飲食、規律生活可以使情緒變得積極，有助於負面情緒的消除，懂得表達情緒，給情緒脫敏，才能成為不被負面情緒掌控的自由人。

1.敢於說「不」，表達不滿

受到委屈時，有的人為了表現出自己情緒穩定，不好意思說出來，但是事情過後開始後悔，只能在心中悶悶不樂。你不好意思說出來，別人永遠不知道，這樣就成了惡性循環，明明委屈得要命卻不說，讓自己產生壓抑情緒。

表達出自己的不滿並不可怕，讓自己感到不愉快或者吃虧時，可以委婉表達出來，別人不會因為你的不滿討厭你，如果你長期不好意思說「不」，別人反而會覺得你好說話，變本加厲地欺負你。

2.降低對他人的心理預期

太宰治說：「若能避開猛烈的歡喜，自然也不會有悲痛的來襲。」

你對別人的期待愈高，失望就會愈大。做一件事情提前想到它最壞的結果，就能避免失敗後的落差帶來的失落感。

人性趨利避害，都有自私的一面，不論是愛情、親情、友情，將希望寄予他人，都可能帶不來預期的效果，抱著平

常心去面對生活，理解每一個人的缺陷、不足，也就少了很多失望襲來。

3. 充實生活，尋找自信

　　想像一下，你每天上午 11 點還沒起床，抱著手機刷短片，起床後訂個外賣，「葛優躺」地倚靠在沙發上追劇，一切都看起來舒舒服服，但是你為什麼還會感覺到空虛無聊呢？

　　如果你能夠保持自律，和太陽一起起床，洗漱完就出門運動，回來後洗個熱水澡，準備好一本書閱讀，這時你感覺到的是疲憊還是舒適？

　　懶惰的人看起來是在享受生活，其實他面臨的是內心的空虛和不安；自律看起來勞累，其實他透過自律讓內心變得充實自信。庸庸碌碌的人總是躲在角落裡百無聊賴，生活充實的人會在陽光下變得喜氣洋洋。

4. 照鏡子法則

　　如果你有隨身帶著小鏡子的習慣，當你感到有憤怒、悲傷、鄙夷等情緒時，可以拿出鏡子來看看自己的樣子，你會感到慚愧。透過鏡子看到自己帶有一些負面情緒時的樣子，想想看，你向別人展現的，就是你現在的樣子。

你的一臉不開心會讓自己變醜，有研究顯示，除了基因影響，情緒也會影響相貌，人的情緒會寫在臉上，這就是我們常說的相由心生。有的人看起來面善，有的人看起來凶神惡煞，溫柔和善的人給人的感覺溫暖，長期帶有負面情緒的人就顯得面露苦相，其貌不揚。

情緒做出的表情影響人的肌肉形態和臉部皺紋，長時間保持同一情緒狀態，就會形成肌肉記憶。

5. 良好的姿態塑造自我

你是否能夠想到，姿態也能改變人的情緒。

如果看過《動物世界》，你肯定知道，動物在宣示權力或者展示自己時，會將身體擴大，讓身體向外伸展，變得足夠大。比如孔雀在求偶時張開尾巴，貓咪在發動攻擊前拱起背部豎起毛髮，黑猩猩在生氣時會站立起來舉起雙臂……人類也一樣，當運動員取得冠軍時，會舉起雙手，臉向上抬起，搖旗吶喊。

而當自己沒有力量、缺乏自信時，會蜷縮起來，讓自己變得更小，最好是小到沒有人會注意自己。

這些姿態同樣會影響到人的情緒，如果你坐下來，弓著腰含著背，雙腿緊閉，這時你感覺不到自信；如果你把雙腿打開，抬頭挺胸，雙手掐在腰間，你就能感覺到力量感和

自信心。

　　試著嘗試這有力量的姿勢，它能改變你的情緒和心態，告訴自己能行，讓自己充滿力量，想要每天在積極的情緒下工作，首先要改變你的姿態，讓自信融到你骨子裡去。

7

識人術：8 條技法教你看人不走眼

　　林語堂先生總結世上有十大俗人：腰有十文錢必振衣作響；每與人言必談及貴戚；遇美人必急索登床；見到問路之人必做傲睨之態；與朋友相聚便喋喋高吟其酸腐詩文；頭已花白卻喜唱豔曲；施人一小惠便廣布於眾；與人交談便借刁言以逞才；借人之債時其臉如丐，被人索償時則其態如王；見人常多蜜語而背地卻常揭人短處。

　　可以對照一下，你的身邊有沒有這樣的人呢？利用你的洞察力，對周邊人進行觀察，你就能慢慢體會到一個人的本質，除了要認識你自己，同時知人識人也是人際交往中的一項能力。孟郊的一首《擇友》講道：「人中有獸心，幾人能真識？雖笑未必和，雖哭未必戚。好人常直道，不順世間逆。惡人巧詔多，非義苟且得。」

　　這首詩振聾發聵，指明了人心難測，表面看到的不見得就是真的，與人交往時要記得「防人之心不可無」，謹慎擇友，方能廣結善緣。

巧舌如簧，不如抱誠守真

　　無論是酒桌上還是聚會時，很容易在人群中發現人們性格迥異，有巧色如簧的、有惺惺作態的、有沉默寡言的、有鋒芒畢露的。油腔滑調、愛吹牛、愛說場面話的人表現得能言善道，但往往言行不一，處事圓滑，老辣狡猾。這類人非常容易快速贏得別人好感，因為沒有人不喜歡一張巧嘴，但是不適合長期交往，一旦你與他長期往來，就能看穿他巧嘴下的內心：說得好聽做不到，講得漂亮不幹實事，自私利己不考慮別人……

　　而那些看起來內心老實的人，為人實在，心眼不多，一開始並不討喜，因為他們在社交場合上往往不展示自己，這種人屬於慢熱型人，雖然話少，但內心什麼都明白。你可能一開始覺得他無趣，唯唯諾諾，不爭不搶，但是一旦你需要幫忙時，他們往往毫不猶豫，交往久了就能發現，人與人交往的真諦在於踏實和忠誠。

　　油腔滑調之人，看起來討喜，但只適合一竿子買賣，拉不來「回頭客」；抱誠守真的老實人，才是真正可以深交的一生摯友。

只愛談自己的人，往往自私

你有沒有這樣的朋友，喜歡滔滔不絕地講自己的事，一提起自己就開始興奮，但從來不喜歡傾聽別人的事，在別人傾訴時總是表現出無聊、不耐煩。

這種人說話喜歡以「我」開頭，而不是「我們」，說話時爭搶主導權，喜歡炫耀自己所得，喜歡哭訴自己所失，對別人的事情並不感興趣，這就是內心自私的表現。

一個心中有他人的人，在與人交談時不僅僅只喜歡講自己的事，還喜歡傾聽別人的心聲，並且他們知道傾聽是對別人的尊重。會用比如「你覺得呢？」、「你說呢？」、「如果是你你怎麼辦？」、「我想聽聽你的看法。」類似的語言詢問對方的觀點，留給別人發表看法的空間。

富貴時，你的識人能力會變低

黃渤在一次節目中說：「以前在劇組裡面，你能碰到各式各樣的人，各種小心機。現在身邊全是好人，每一張都是洋溢的笑臉……」

當你富貴時，每個人都對你笑，說讚美的話來誇讚你，你就會誤以為身邊的人都是好人。「窮在鬧市無人問，富在

深山有遠親。」窮人總是能清晰地覺察到世上的人各有各的心眼和偏見。

當你落魄時，也許這些溜鬚拍馬的人都會做猢猻散，不見人影，真正待你好的人不是為你錦上添花，而是給你雪中送炭。

珍惜那些在你還不夠強大時就對你好的人，提防那些在你強大後才來對你好的人。

趨利避害是人性，但能不忘初心、待人以誠的人，值得我們用心交往。

物以類聚，人以群分

「物以類聚，人以群分。」這句話已經聽得耳朵磨出繭子了吧，但別說，還真實用。

仔細列出你身邊關係保持最緊密的朋友，是不是發現自己和他們身上有著諸多共同點？比如一個性格內向不愛說話的人，身邊的朋友大多都內向。

你想要瞭解一個人時，可以看看他的朋友，他願意跟什麼樣的人在一起玩，他八成就是那樣的人。

別看他對你怎麼樣，要看他對別人的態度

有的小情侶在熱戀時期由於光環效應「情人眼裡出西施」，會出現看走眼的狀況，等到真正步入了婚姻才發現，和自己認識的根本不像是同一個人。

一個人喜歡你的時候，肯定是萬般對你好，與其說是對你好，不如說是對自己好──想要滿足得到你的欲望。這時你會很難判斷他的為人。

我們要注意的是，對你好不等於人品好。我們可以透過他對別人的態度來評判，比如看他對待服務人員是否禮貌、對待朋友同事是否大方得體、對待長輩是否尊敬、對待弱者是否同情、對待父母是否孝敬……，這些外在舉止的細節，體現了一個人的修養，從中就能看得出一個人的人品如何。

一個人愈缺什麼，愈在意什麼

一個人缺錢，他就會努力賺錢，把錢存起來捨不得花。

一個人缺愛，他就會拚命從他人那裡找尋安全感和依賴感。

一個人愈自卑，他就會愈在意別人的看法。

一個人愈炫耀什麼，他就愈缺少什麼。

透過強調獲得別人的認同，從而填補自己內心的缺失。

一個富太太在馬路上撿塑膠瓶，她覺得自己是鍛鍊身體，節能環保；一個窮太太在馬路上撿塑膠瓶，就會覺得不好意思，怕人笑話。本質上還是內心自卑情緒在作怪。

當被人讚美時，人與人的反應也會大不相同。內心自卑的人會猜忌別人的誇讚是不是反諷自己，優秀的人受到褒獎都會欣然接受。其實看懂一個人的內心並不困難，只需要看他用盡一生都在強調什麼、執著什麼、追求什麼。

內心敏感的人，適合做朋友

儘管內心敏感的人活得很累還很糾結，但不得不說，這一類人真的很善良。

可能他們會有一些玻璃心，有一些愛生氣，但是他們從來不自私，總是站在別人的角度思考問題，生怕自己犯錯影響到他人，事情親力親為，不會麻煩別人，和他們相處，你就會體驗到三百六十度全方位地被照顧。

高敏感的人具有強大的共情能力，他們可以感知體會到你的快樂和痛苦。你有事情找他們分享時，會得到理解和包容，儘管自己的生活還一團糟，但並不妨礙他們很會給你出謀劃策。

一起旅行，最能驗得一個人品性

旅行是一件聽上去文藝、做起來勞神費力的事情，在旅途中，會暴露出一個人的生活習慣和生活態度。

在旅行前期需要做大量規劃：買車票、訂酒店、逛景點、設計路線……，這一連串事情無不考驗一個人的規劃能力，在遊玩時消費觀念不同也會出現分歧，雙方對待景觀的不同喜好，也能看出兩個人的默契程度。在旅遊的時候出現的突發情況，可以看出一個人的內心是否強大。

旅途畢竟是勞累的，一個人在極度勞累的情況下，往往會暴露本性，即使平時文質彬彬的人，也可能會因為疲憊對身邊的人開始有脾氣，沒有好臉色，或者開始不停地抱怨。而一個人能夠在勞累辛苦的時候，還能控制自己的情緒，照顧身邊人的感受，甚至還會鼓勵你逗你玩，這樣的人才值得交往。

最後我想說，人性複雜，哪怕再簡單不過的人，也不是三言兩語可以概括的。

一個人總會有利己的一面，也會有至善的一面，缺陷、弱點都是一個正常人有的正常狀態，我們無法輕易評判一個人的好壞，更不能透過一件事來否定或者肯定一個人，所謂的識人術都只是對「大多如此」的總結，這個總結絕對不是

絕對的，還得具體問題具體分析。

　　在交友過程中，路遙知馬力，日久見人心；歲寒知松柏，患難見真情。我們不會對某一類人抱有刻板印象，不會對人進行定義，但是我們可以去觀察、辨別，在具體的交往中，窺探一個人的品性和修養。

PART 3

保持分寸感，
需要掌握關係邊界

1

深到骨子裡的教養，是有邊界感

與朋友交往最忌諱的就是沒有分寸感，說話做事不知輕重。

有時候自己以為是在開玩笑，其實已經冒犯到了對方，我們經常聽到這樣的話：「我只是開個玩笑，你還當真了？」、「開不起玩笑啊！」

往往這個時候是把別人冒犯了，不僅不想道歉，還不允許別人生氣，最後還指責起別人來。

開玩笑不是取笑，開玩笑的目的是讓雙方開心，讓你不開心的算什麼玩笑呢？開玩笑要考慮雙方之間的關係、性格、情景，顧及對方的感受，如果不小心因為一句話得罪了對方，也是不可避免的事，這時要誠懇地道歉，別人也不會太介意。但有的人不僅沒有歉意，卻用「你開不起玩笑」來挖苦對方，可見他心目中絲毫沒有分寸感。

一個人深到骨子裡的修養，就是懂得人與人之間的邊界意識，即使再親密的關係，都應當保持一定的距離，過於親

密不分你我，是導致矛盾出現的原因之一。

　　傳統的中國式家庭關係，是典型的沒有邊界感，往往這也是中國家庭關係糾紛的根源，你有沒有發現，生活中有一半的困擾，都是親戚造成的，一些七大姑八大姨，總是喜歡打探別人隱私，和親戚朋友互相妒忌攀比。每逢過年過節，都要在他們面前被「關切」一番，一些長輩還得倚老賣老說教一番，這讓人感覺到的不是被關心的暖心，而是被干涉的不適感。

　　千年來形成的宗族觀念，造成了傳統思想中血濃於水不分彼此的觀念，用單一的評判方式干涉宗族內部成員，達到思想的統一，在這個過程中造成了道德綁架，個性和多元的思想觀念受到打壓。親戚之間必須要來往、要走動，親戚提出的要求不去做就是不近人情，親戚之間合夥做生意就不能分得太清，這種不分你我、含糊不清的親戚關係，讓人表面不好意思說開，內心卻已經深惡痛絕。

　　費孝通在《鄉土中國》中將西方社會的格局比作一捆捆柴，具有分明的界限清晰的結構，而中國傳統社會的格局，就像石頭丟進水裡產生的波紋，每個人都是石頭，而一圈圈波紋就是與你親疏不同的人，只要足夠親密，就可以沒有邊界。

　　在心理學上，我們將這種不分你我，我為人人、人人為

我的思想稱為「漿糊邏輯」，在這種漿糊邏輯下生活的人們沒有個人空間，人格思想缺乏獨立性，也是家庭中夫妻、婆媳、子女矛盾的導火線。

與之相對的是邊界意識，這是一種注重私人隱私、獨立思考、不冒犯他人的思想。人與人之間都是相對獨立的個體，不是別人的附庸，每個人都有自己的個人邊界，在心中時刻有一把尺，丈量人與人之間的關係，不可越界，即使再親密，尺也需要有刻度。

親情如此，友情更得如此。

朋友做出選擇，你可以給出建議，但不要幫著做決定。

到朋友家裡做客，不能隨意翻閱別人的東西。

朋友不講的事情不要深挖，他的祕密告訴了你要能保守，不能外傳。

和朋友的對象不要有單獨私密的聯繫。

…………

真正的朋友是做到和而不同，知道對方介意什麼，不會主動越界，知道尊重對方的信仰、愛好、性取向等，坦然接受彼此，知道對方的不完美，卻已經陪著對方共度難關。

心理學家埃里希・哈曼特說：「如果自我是一座古堡，那麼心理邊界強度便是古堡外的一圈護城河。」當然，護城河的寬度由你自己決定。

人與人的邊界，太遠是生分，太近是傷害。就像兩隻寒冷中取暖的刺蝟，離得太遠會受凍，離得太近會傷害對方。

對自己，個人邊界就像你給自己畫的一條底線，當別人逾越它時，你就會感到不適，這時你應該及時表達出自己的不滿，告訴別人你的真實想法，以免對方會變本加厲，不斷越界。

對別人，要具有邊界意識，為人處世應當具有分寸感，與人相處不過是讓彼此舒服，不能去觸及別人的防線，窺探別人的隱私，將心比心，學會考慮別人的心理感受。

界限，不是劃清人與人之間關係的牢籠，而是一種讓彼此毫無壓力自由交往的坦然。

2

拒絕≠被討厭，
高情商的人這樣「Say No」

別因面子難為自己

拒絕別人對一部分人而言是一種壓力，甚至為此感到苦惱，羨慕那些可以輕鬆拒絕別人還不感到愧疚的人。

在你的生活中有沒有出現過這類場景：

做微商的朋友瘋狂向你推銷他賣的產品，但你並不需要，在他的軟磨硬泡下，苦於無奈又不好意思拒絕，最後只好硬著頭皮，高價買了本不喜歡的產品。

在一群同事中間，自己總是最好說話的老好人，別人幹不完的活拿來請你幫忙，不是做個表格就是弄個 PPT，甚至打飯捎帶咖啡也成了你的專屬工作。

朋友發來微信問「在嗎？」，不好意思回覆他不在，結果剛一回覆就得知對方想要借錢，不想借又不好意思開口拒

絕，借給他又不知道什麼時候還，在自己還生存困難的情況下，為了面子依舊選擇了借給他。

別人借了自己的錢，他不說還錢的事自己又不好意思提，實在活不下去了開口要求還錢，彷彿是自己做錯了事情。

自己不擅長喝酒，卻被一群酒肉朋友拉去喝酒，不喝就是不給面子，勸來勸去最終還是招架不了他們的勸酒，最後喝到自己暈暈沉沉，頭痛不已。

…………

這類人擔心自己拒絕別人會影響自己與他人的關係，會導致被別人討厭，盡力地滿足對方的需求，卻忽視自己的內心需要，人與人之間的交往確實需要互相配合，但是人際交往中請求和被請求、拒絕和被拒絕是一種常態，沒有人天生應該捨己為人，在配合別人的時候需要考慮實際情況，不要因為「面子」總是委曲求全。

語言學專家布朗和列文森（Brown & Levinson）在人際交往的禮貌原則中提出，人的面子主要分為兩種：一種是希望得到別人的認可，一種是希望自己的言行不受任何阻撓。拒絕別人會讓雙方都丟了面子，但是不得不說，在現實生活中拒絕對方的請求是不可避免的，我們需要做到禮貌並且委婉地說出自己的理由，盡量給雙方都留有「面子」，只要你

的方法是得當的，就不會因此失去這個朋友的信任。

除此之外，我們還需要有一個認知：人無法被所有的人都喜歡，無論你怎麼做。如果你因為個人原因拒絕了你的朋友，向他說明原因後他也會理解，你的拒絕至少不會被真正把你當朋友的人誤解，更不會因此討厭你。

愈是好說話，愈會被輕視

不好意思拒絕別人，本質上是一種善良，擔心因為自己的拒絕傷害了彼此之間的關係，或者因為自己給別人帶來困擾。

然而愈是好說話，愈是不容易被人重視，沒有脾氣的人往往會成為被欺負的對象。人性就是如此，別人開口向你請求幫助，你二話不說就答應了，時間久了別人會覺得理所應當，而你的想法也就愈來愈不被重視，當他心裡形成一種你很好說話的印象，一旦有一天你拒絕了他，他可能就會表現得極為生氣，認為是你的錯，很多時候，你的仗義相助不一定換來回饋。

別人有求於你時，話語權掌握在你的手裡，這時你應當掌控主導地位，不可以讓本來就請你幫忙的人占據上風。

反觀那些一開始就不好說話的人，請求幫助的人為了獲

得幫助，不得不低三下四地拜託他，甚至想盡一切辦法，這時他們的內心是渴望獲得對方的援助，如果很幸運，對方終於答應幫他了，這時他的內心才會覺得十分喜悅，並且對幫助他的人的感激之情非常熱烈。這就是我們常說的，人們總是對自己辛苦得到的東西視如珍寶，而輕而易舉得到的東西不加以珍惜。

因此，我的觀點是：**盡量別急著答應對方的請求。**

假如一個人跑過來尋求你的協助，你就需要做出分析，這件事情對你而言困難與否？你們之間的關係是否可以到達幫助他的程度？當你做出決定想要幫助他時，記得別著急，先要說出自己的為難，幫他這個忙需要滿足一連串的條件。

很多時候，我們在盡力幫助別人卻沒能得到相應的感激，是因為這件事在別人眼裡可能只是舉手之勞，因此，表達出自己的為難是非常有必要的。

在表達出自己的想法後，不必著急答應，可以選擇考慮一段時間，再給他答覆，在他等待你回覆時，必定是充滿期待和緊張的，這時你的一個電話，表示雖然很為難，但是願意一試，就能讓對方對你的幫助充滿感激，並且印象深刻。

你愈是好說話，別人就愈不和你好好說話，做個好說話的人，不見得會被人重視，很容易就成了一個出力不討好的傢伙。即使給予別人幫助，也要適當表達出自己的難處，人

性就是這麼有趣，讓自己不再那麼「好說話」，才能贏得朋友們的尊重。

👤 不可忽視的討好型心理

別人拒絕你時輕描淡寫，而你拒絕了別人卻覺得自己犯了錯。

如果你習慣於委屈自己來成全別人，卻又因此而感到苦惱，明明知道想要拒絕，但老是開不了口，那你就屬於心理學上所說的「討好型人格」。

心理學上認為，討好型人格是一味地討好他人而忽視自己感受的人格，是一種不健康的心理狀態。《討好是一種病》一書中提到，習慣性討好他人的人，常常會覺得自己在盡力做「一個好人」，這恰恰是一種對他人認可的渴望，唯恐拒絕了對方，就會不被認可，這導致了認知的失衡，對自己過於不自信，過於強調了別人眼中的自己。

這類人認為，只有在不斷被別人需要，並且不斷滿足別人的需要時，自己的價值才會被體現，一旦不被人認可，自己就失去了價值，而這種觀念會讓人忽視自己自我價值的實現。人不應該用他人的價值觀評價自己，蘇格拉底強調「認識你自己」，人們應該追求自己內心渴望的東西，過於在意

外界的評判，會讓人陷入無底洞——在滿足他人卻又喪失自我的矛盾中徘徊，討好型人格的人都是極為矛盾的個體，而這種矛盾是感到痛苦的根源。

你是否想過，被你拒絕的人也許沒有你想像中的那麼失落？討好型人格的一個表現就是極度敏感，他們同理心強，能夠感知別人的痛苦，可是往往也會高估別人的痛苦。不好意思拒絕他人其中一個原因，就是擔心自己對對方造成傷害，但事實上，被拒絕的人沒有我們想像中脆弱，有著敏感內心的人總是想得太多，這就造成了對對方的過度同情。

其實，你的拒絕並沒有那麼驚心動魄，這只是一種生活常態，認清自己的責任和能力，不要因為不會拒絕而加重自己的生活負擔，也許下次當你滿足了足夠的條件時，再去幫助身邊的人也不遲。

🧑 高情商的語言藝術

1. 直截了當地拒絕

直接拒絕是一種十分有效的拒絕方式，直接並且清晰地表達出自己的拒絕意圖，這種拒絕看起來比較堅決，甚至有點冷酷無情。

這種拒絕方式在人際交往中很少被用到，但是在與陌生人之間卻十分有效，比如回絕廣告推銷、騷擾電話、保險推廣……等。直接拒絕言語直白，不建議在和朋友相處時使用，因為這種拒絕完全沒有給對方留面子，對方無法心平氣和地接受。這種拒絕的堅決性，在拒絕廣告推銷時卻十分有用，因為你一旦表現出委婉和猶豫，他們會馬上變本加厲，給你帶來更多的推銷產品。

2. 委婉拒絕的表達方式

生活中，當別人向你發出請求時，一種是向你尋求幫助，一種是向你發出邀請，不論是哪種情況，他預期的是希望你能答應。這時如果遭到了拒絕，會給人一種「不給面子」的感覺，比起西方文化，東方文化中，長大的中國人更能體諒別人的感受，顧及別人的面子。

因此在拒絕別人時，總是要先以道歉為開場白，然後明確地表達出自己的理由，最後即使自己沒能幫助對方，也要替對方想想辦法。

例如當朋友請你下午過去幫他維修一下電腦，但是你下午沒有時間，就可以這樣跟他說：「實在不好意思，真不巧，我下午正好約了和客戶談合作，沒有時間過去，你急著用嗎？要不然明天我再過去，或者我看看能不能找別的朋友

過去先幫你修一下？」

在這一番拒絕中，既表達了自己的歉意，說明了理由，還給對方提出了其他方案，讓對方感到舒適，不會因為被拒絕沒有臺階下。如果朋友識趣，會回覆你說：「真是不巧了，你先去忙吧，別麻煩別的朋友了，我再想想別的辦法。」

還有一種先表示認同，但是後面表示很無奈的拒絕方式。比如同學婚禮邀請你去參加，但是你不想去或者沒時間，就可以先表達出自己對同學結婚的祝福，感慨一下時光飛逝，大家都要成家立業了，並且表示自己真的很想見證這對新人的婚禮，但是後面表示很可惜，自己在外面恐怕趕不回去，看情況如果能去一定會去的，以此拒絕顯得十分得體。

3. 換一種方式間接表達拒絕

語言之所以是一門藝術，在於它的千變萬化，形式萬千。特別是中國的語言藝術，委婉含蓄地表達真實想法，帶有間接性的暗示。

我們來看看下面這組對話，體會一下這種表達技巧：

A：我最近真的是壓力太大了，買了房子、車子，榨乾了家裡所有的積蓄，還欠了銀行一大筆錢，孩子還得上學繳

學費，真的不知道怎麼辦才好。

　　B：你真的很厲害，現在有車有房，我要是能像你這樣多好啊，我現在是一窮二白，啥都沒有，你就知足吧！

　　根據字面意思，A 在向 B 抱怨自己壓力太大，手頭太緊，孩子上學的學費不知道怎麼去湊，但是裡面也包含著向 B 尋求幫助的意思，只不過表達得十分委婉。

　　B 已經聽明白了 A 尋求幫助的內在意思，但是可能出於某種原因沒有辦法幫助 A，索性就當沒有聽懂 A 的意思，直接根據 A 的表面意思，把 A 誇了一番，還建議他知足，並且又表示出自己一窮二白，如果 A 向他借錢，自己也無能為力，表面是在誇 A，實際上表達的是一種拒絕。B 假裝沒有聽懂 A 的話，就根據表面意思做出回答，這樣的拒絕完全不會讓對方沒有面子，自己也合情合理地把對方誇了一番，並且不會傷害到雙方的感情。

　　我們再來看一組對話，以接受的方式表達拒絕。

　　A：小張啊，今天你再把 ××× 專案的設計圖紙做出來吧！

　　B：老闆，我手頭上還有一堆工作沒做完呢，今天實在沒時間做啊！

　　C：收到老闆！對了，我手上你昨天給我的工作還沒完成，人家也著急用，要是我今天加班都做了也行，就是怕太

倉促了，達不到預期效果啊！要不然你再找個人幫幫我吧？

在職場上，這種上一個工作沒有做完，老闆就又加新工作的情境非常常見，要如何才能拒絕這種無止境的加班呢？

B是非常常見的拒絕方式，表示出自己無法完成的理由，看起來也合情合理，但是在老闆看來，對方的拒絕好像是在找藉口，不想多幹活。

C非常巧妙地以退為進，直截了當地接受了老闆的要求，緊接著又表明手頭上工作太多，要是一起今天完成，肯定會影響品質，給人帶來一種願意做但是又很無奈的感覺。後面他又提議讓老闆給他找個人幫忙，給老闆提出一個解決方案，完美地拒絕了請求，又不會讓老闆覺得他不願意多幹活。

拒絕其實也是需要技巧和手段的，可以利用暗喻、暗示、以退為進……等，生活中還有許多的拒絕方法，需要結合當時的場景具體問題具體分析，避免給別人帶來不適感，影響到人際關係。

3

當代都市青年生活指南

　　由劉濤、蔣欣等人主演的《歡樂頌》，是一部近年來為數不多的國產好劇，仔細品讀你一定能夠看得出作者阿耐處理人物關係的精湛。

　　它不僅僅描述了五位女孩在上海都市中的喜怒哀樂，更是詮釋了當地年輕人的現實寫照，反映出現代年輕人在職場和生活中，面對困境、愛情、友誼、家庭的選擇，有無奈、有決絕、有歡喜、有悲痛，這部劇戳中了很多年輕人的痛點，也讓我們反思生活。

　　很多人都想活成安迪一樣成為社會精英，過得像曲筱綃一樣任性妄為，現實卻是活得像邱瑩瑩，過得像關雎爾，最後被生活逼成了樊勝美。在《歡樂頌》中，我們似乎能夠看到自己的影子，但我們也不知道自己最終活得像誰，更像是生活的剪影。

　　看完《歡樂頌》的前兩季，我們一起看看追劇後給我們帶來的感觸和生活指南：

你的人際關係並沒有你想像的那麼好

樊勝美在上海打拚多年，憑藉自己自身 HR 的身分，認識了各色各樣的人物，自己也經常遊蕩於各種社交聚會，平時一起喝酒蹦迪的朋友不在少數。

當她自以為社交深廣的時候，她的父親腦出血住院做手術急需用錢，她拚命地打電話向那些平時看起來體面的朋友借錢，電話一個個往外撥，結果根本沒有人願意搭理她。

曾經一起稱兄道弟、喝酒吃飯、唱歌蹦迪的人，在你急需幫助時可能就是消失得無影無蹤的人，你以為認識了有頭有臉的人物，他們可能壓根沒有把你放在眼裡，那些酒肉朋友，不要太過於當真。

有的人拚命地結交人脈，就以為自己人際關係甚廣，人緣甚好，可朋友不在於多而在於精，不在於廣而在於人品，狐朋狗友一大堆，也不過是浪費自己的精力和時間。

戀愛時保持矜持，深入瞭解對方

涉世未深的邱瑩瑩愛上主管白渣男，為愛死去活來，結果白渣男是個玩弄感情的情場老手，邱瑩瑩被甩後痛不欲生。後來遇到了應勤，應勤老實本分，本以為真愛就此來

臨，結果應勤是個保守派，嫌棄邱瑩瑩不是處女的身分。

邱瑩瑩每看上一個人，就覺得對方值得自己去付出一切，殊不知不矜持的女生得不到男生的重視，輕而易舉就能得到的東西就顯得廉價。在戀愛時保持矜持，發展緩慢一些也沒有關係，最重要的是要深入瞭解對方。

每個人都有性格缺陷，很多時候你愛上的，是你自己想像中的戀人模樣，相處後就會發現對方的種種缺點，這時你需要評估，自己是否可以接受他，再來進行下一步，不要早早地下結論，不然最終發現對方不是自己想像的樣子，受傷的還是自己。

有文化更會被人尊重

一個健康的社會，永遠都會對文化十分重視，儘管曲筱綃是個富二代，一開始，高學歷的趙醫生還是因為曲筱綃沒文化，對她沒有好感。安迪作為學霸級的高材生，遇到問題沉著冷靜，在樊勝美家透過醫學的知識，看出了逼債人訛人的詭計，最終贏得勝利，因為自己的文化素質高，在五姐妹中備受尊敬。

儘管現在「拜金主義」風氣盛行，但是絕不是社會的主流，物質的氾濫彌補不了精神的匱乏，人類無論發展到哪一

階段，文化都是備受推崇的。現實社會中，富人走到哪裡都花團錦簇，但是富人依舊欣賞甚至崇拜知識分子，文化人永遠都是國之棟梁。

　　沒有人看不起一個博覽群書、知識淵博的人，讀書讓人從內到外散發出文化的氣質，談吐為人之間就能體現出有文化和沒文化的區別。

可以請求幫助，但不要依賴別人

　　樊勝美的整個青春被家庭拖垮，自己的哥哥、嫂嫂不爭氣，一家人依賴樊勝美一個月一萬多的工資生活，還擺出一副理所應當的樣子。影視劇反映的是許許多多中國重男輕女家庭的現狀，女生需要犧牲自己的生活，來拯救弟弟或者哥哥，在這樣陳舊觀念的家族中，女孩的犧牲是被默許的。

　　樊勝美的哥哥像個寄生蟲，拖累了整個家庭，卻因為是骨肉至親，綁架了樊勝美的人生，樊勝美的妥協也助長了哥哥的懶惰。有句話說：「可憐之人必有可恨之處。」她生活中的悲劇一部分，源自自己的不夠決絕。

　　同樓層的五個姐妹，儘管貧富不同，但只要在生活中遇到了不順，她們都會相信自己，在需要幫助時也會伸出援助之手。而這種幫助是「拉一把」，不是完全替你分擔，人是

需要他人幫忙的，前提是你要自己先盡力，完全依賴別人會成為別人的附庸、人人厭惡的寄生蟲。

無論處於何種境地，都要好好生活

紙醉金迷的大上海，上演著人間百態，看著摩天大樓燈光閃爍、豪車雲集，想必每個人都會流露出羨慕的目光。《歡樂頌》給我們展示了上流社會的富麗生活，安迪是靠自己的奮鬥取得高學歷，跨入精英階層成為企業高管的，曲筱綃本身就是富二代，但依舊努力經營好自己的公司，證明給父親看。

她們過著多數人可望而不可及的生活，而作為普羅大眾的我們，或許就是那個邱瑩瑩，家境一般、性格單純，能力並不出眾；或許就是那個樊勝美，工作努力晉升經理，年紀不小依舊前途渺茫，因為家庭無法過上想要的生活；或許就是那個關雎爾，學習優秀、性格溫順，面對未來糾結而彷徨，但無論處於何種境地，她們都在努力地生活。

出身、相貌、命運難以改變，努力不一定獲得成功，但是用心去生活，明天一定會比今天更好。

4

生活充滿希望，用自由救贖靈魂

　　美國電影《刺激 1995》無疑是經典電影中最具魅力的好片子，經久不衰，是我最喜愛的電影之一，這部電影我看了三遍，對它有了更加貼近生活的理解。

　　第一次看這部電影是在大學課堂上，那天放學後，內心久久不能平靜，最為震撼的，是男主角安迪的毅力。

　　立馬跑到網路上看影評，影評大多是對電影的人物分析、情節的敘述，還有對電影鏡頭的分析和評判，但是這些精彩的影評，並不是我想要的。

　　我還需要進一步思考，這部電影對我的生活能產生哪些改變，它的內涵和帶給人的震撼，需要我去好好體會品味，才能夠為我們的生活中帶來啟示。我認為一部經典電影的成功，不是觀眾為它流了多少淚或者技法上的成熟，而是人們看了它以後，對人生產生了影響。

　　對於人物、故事情節的分析，我不詳細描述，只談談這部電影對我的生活的啟示。

電影的情節講的是一個含冤入獄的金融高智商男，用一把小榔頭挖了 20 年地道成功越獄的故事，他用他的毅力和堅持告訴了我們，成功需要堅持不懈地努力，那麼電影僅僅是告訴我們要堅持所要達到的目標嗎？顯然不僅於此。

👤 沒有了希望，如同行屍走肉般地活著

這部電影最為突出的主題是堅持和希望，在一座警衛森嚴、封閉空曠而又讓人喪失鬥志的監獄裡，人冷漠到沒有絲毫的生機，就像瑞德在臺詞中說：「在鯊堡（監獄），希望是個很危險的東西。」

在監獄中，人們看不見未來，似乎一眼就能夠看到接下來年復一年一成不變的生活。瑞德是一個監獄的老手，沒有搞不到的東西，他在別人眼裡睿智且老練，他用過來人的經驗告訴來者，在這裡沒有希望。

就像我們生活中的那些「過來人」一樣，用他們幾十年的生活經驗告訴年輕人，世界應該是個什麼樣子、你需要這麼做……，其實最終我們會發現，大多數人都是那位老瑞德，在命運的車輪裡選擇了循規蹈矩，很多時候他們像瑞德一樣，並沒有去突破去抗爭現實，成為向現實妥協的大多數。

我們的主角安迪帶著一開始就打算離開監獄的信念，他向瑞德要了小榔頭，藏在一本《聖經》裡，開始了在別人看來不可能完成的多年計畫。20 年如一日，安迪在監獄裡用一個小榔頭挖出了地道，最終成功越獄，並在寫給瑞德的信中說：「Remember, hope is a good thing, maybe the best of things, and no good thing ever dies.（記著，希望是美好的，也許是人間至善，而美好的事物永不消逝。）」這句話可能就是這部電影想要告訴人們的吧。

追求自由，救贖靈魂

除了上述的堅持和希望，我認為電影對我而言最大的啟發是對自由的嚮往，監獄裡的人像籠子裡的鳥，監獄就像某種體制，電影中監獄裡的人人性複雜多元、形形色色。

這其中所出現的人物中，有典獄長表裡不一的陰險圓滑，有老布對監獄生活的麻木和依賴，有三個姐妹花的欺軟怕硬，有警官的奸詐狡猾，有安迪和瑞德的情誼……，這個監獄就像一個小社會，詮釋了人性的繁多種類、世態炎涼，牢籠是對人身和思想的限制，主角的出現就是為了打破牢籠，追求人性的自由和解脫。

老布在監獄裡度過一生，在牢籠裡已經變得麻木，當他

被釋放獲得自由的時候卻選擇了自殺，身體的自由彌補不了被牢籠扼殺的靈魂，牢籠給予了他安全感，我想一開始被關進監獄的那天，老布也是幻想著有一天可以重獲自由。

但當這一天真正來臨時，他卻感到了恐懼，習慣了困在自己的小世界裡無法自拔，再出來時已經物是人非，無法獲得自由和救贖。仔細想想，我們的生活中是不是有很多的老布，和將要步入老布行列的人呢？

安迪入獄那天開始就沒有抱怨，就開始籌備如何越獄，生活的不公沒有扼殺他的希望和對自由的渴望，他建立圖書館，爭取滿足不多的精神需求，最終越獄後，他帶著典獄長的錢開車飛馳而去。世界那麼大，怎能一輩子困在牢籠裡？最後瑞德出獄後和老布一樣無法適應生活，看了老布刻下的話，決定去找安迪，電影以瑞德找到安迪兩人擁抱結尾，這一抱，包含著多少的心酸和對獲得自由的喜悅。

人的一輩子極其短暫，死後又如同從未來過這個世界，為何自己給自己套上一個個枷鎖，讓本已艱難的生活雪上加霜呢？

安迪象徵著打破牢籠者，並且影響了身邊的人。

擺脫現狀，活出自我

　　電影的英文名字── The Shawshank Redemption ──也是指對人們靈魂的救贖，就像電影中安迪讓警官請犯人們喝酒，建立圖書館，放歌給他們聽，其實都在讓他們感覺自由帶來的美好，感覺到精神上的愉悅，可是一群麻木的人中，又有幾人能懂呢？多數人最終會被現實打敗。安迪用毅力和保持希望的心態，最終得到了自由，沒有希望的沉淪是可怕的，沒有毅力的追求則是空想。

　　安迪遵循自己的內心，他渴望自由，渴望打破牢籠，開一家小旅館。

　　作為現實中的我們，我們又在社會中充當什麼樣的角色呢？拋開電影本意，監獄在我們生活中象徵著什麼？我們是否也扮演著監獄裡的某個角色？

　　就好比那一封「世界那麼大，我想去看看」的辭職信，讓無數人為之驚歎，那種對自由的嚮往，衝破傳統思想的豁然開朗，是不是也如電影一樣，當我們一眼看到了以後幾十年的未來，當我們對於現實的依賴已經麻木，我們的靈魂是否能夠得到救贖，嚮往自由的心能否保持不變？

　　電影中主角逃出監獄開車離開的那一個畫面觸動了我，對於年輕人，我們有選擇自由的權利，我們的生活是怎樣的

　　由我們自己做主，像電影中主角那樣，帶著希望自由去努力，鐵杵必能磨成針，當一個人沒有了希望、沒有了動力，妥協了傳統和人云亦云的言論，我們的精神該如何滿足？

　　人不一定非得接受命運的安排，也不一定要站在命運的對立面，最重要的還是得認清自己，找到最真實的自己。《刺激 1995》中的監獄，象徵著「體制化」的生活，在這種環境下的人們，麻木且無趣地生活著。

　　在電影中，監獄對於每個人來講都不一樣，對你而言，你的監獄是什麼？或許是某種體制，是你的公司，或許是你的家庭，或許是你所處的地位，或許是你的懶惰，或許是你的壓抑和煩惱……，它們限制了自由和原本我們初衷的心。

　　盧梭說：「人生而自由，卻無處不在枷鎖之中。」每一個人身上都套著一個個枷鎖，而人類之所謂偉大，就是能夠不斷打破枷鎖突破自己，自由不是一種絕對狀態，世界上也沒有絕對的自由，自由是一個動態，是人類不斷去完成的過程。

　　如果你能看完電影想到自己的處境，並在生活中有所行動，我覺得才是看經典電影的意義。

5

與人衝突，是一種能力

你知道嗎？好欺負的人一眼就能看得出來。

就好像在臉上寫著：「我很好欺負喲，來欺負我吧！」

當你吃了虧、受了委屈時，你明明很生氣，明明在心裡把對方罵了一百遍，但是卻從不敢表達出來，生怕看到場面一度陷入僵局，生怕自己成為被別人討厭的人。

事後你會下定決心，下一次再這樣時，你一定要從正面反駁他，不能讓自己成為一個受氣包，每次都是苦不堪言。可真的有下一次時，你還是不敢說，心裡想著多一事不如少一事，過去就好了。

偶爾有一次，可以鼓起勇氣表達自己的不滿時，因為聲音不夠大、不夠堅定，對方輕而易舉地就可以找個理由搪塞過去，你又只能默默忍受。

所以你變得不愛說話、不愛爭執、不愛反駁，而避免衝突最便捷的辦法就是減少社交，人群中，你格格不入，形單影隻，你以為這樣就可以和那些欺負你的人斷絕關係，直

到你聽到別人評價你孤僻、古怪、陰沉、拐彎抹角、不好相處……

你是個老實人，也很善良，這可能是你受到過最多的評價，你不願意讓別人難過，不願意拒絕別人，不願意讓對方感到難堪，為了做到這一點，你選擇委屈自己，但你的苦惱在於，你不想這樣，只能一個人生悶氣。

一開始唯唯諾諾，到後面就在別人心中形成了「好欺負」的印象，再去說不時，就很有可能遭到嚴厲的批評。你或許感嘆不公，為什麼有的人明明吹毛求疵，卻還有一群人對他畢恭畢敬，自己人畜無害，反倒是處處不盡如人意。

生活中的「老好人」並不受人尊重，人性總是欺軟怕硬，「人善被人欺，馬善被人騎」是非常有道理的，你可以善良，但你的善良也要有點鋒芒。

十多年前，我們的教育往往是教一個人如何變得善良，如何樂於助人，但是現在我想說，我們的大眾缺乏的不是善良，而是與人衝突的能力、拒絕他人的能力，以及敢於被人討厭的勇氣。

你需要明白一個前提，我們的人生，不是為了得到他人的認可，滿足他人的期待，而是成為最好的自己。在傳統的觀念中，我們總是在和別人對比，挑出一些比自己優秀的「別人家的孩子」和自己對比，一次次對比的失利，自卑的

根就在心裡紮下了，不管自己怎麼樣努力，還是有比自己更加優秀的人呀。

如果正視你的內心，你努力工作、好好學習只是為了滿足別人的期待，成為別人口中的優秀者，那麼你就是在為別人而活，在與別人的對比中勞累一生。

而當你反思自己的人生時，應當要想到，滿足別人的期待，自會委屈自己這寶貴又短短的一生，自己珍貴的生命為什麼要為他人而活呢？

當受到委屈時，大膽地說出自己的不滿，最壞的結果不就是被別人討厭嗎？被討厭了又有什麼關係呢？再進一步就斷絕往來，一個愛自己的人，怎麼會讓自己受委屈呢？

你要知道，去改變一個人的成本太高，遇到與自己不合的人，相敬如賓是最有效的方法，及時說出自己的想法可以止損，防止對方進一步對你造成傷害。

你之所以一直不願意做出改變，是因為內心不想改變現狀，就算是對目前的生活有著種種不滿，但是不去改變，你會感到逃避後的輕鬆，如果你作為一個「老好人」受到不公，這種不幸其實是自身不願意改變的結果。

你不把自己當回事，別人也不會把你當回事。因為沒有勇氣面對生活，可你得知道，獲得自由的過程中需要一些陣痛，需要過濾好友，需要對自己進行改造和訓練，才能蛻變

成自己想成為的樣子。

　　每個人都有獨特的價值，如果你選擇放棄自我、迎合別人，委屈自己、成全別人，是你給了別人傷害你的權利，那麼你將在討好和謙卑中度過一生。

　　沒有人可以讓所有人喜歡，想要得到尊重，就得在善良中帶點脾氣，脾氣是自我防禦的信號，當別人收到信號時，自然會有所收斂，但如果你一直發出沒有信號，別人也就不會知道你的底線。

　　與人衝突，是一種能力，需要面對恐懼不斷練習，這是人合理的自我保護機制，不要試圖用討好和讓步獲得別人的喜歡，一個人的自我價值不是用卑微來體現的，人們喜歡的永遠是你自信、驕傲、勇敢的樣子。

6

美酒雖好，但別強人所難

我的酒鬼父親

　　我想很多人的童年都有個酒鬼父親，在我小時候，我就對酒產生了一種厭惡的心態，原因是我的父親嗜酒。每一次父親和一群狐朋狗友出去喝酒都喝得酩酊大醉，回來後跟母親吵架，我在一旁哭喊，卻無濟於事，至今在我的腦海中留存下來的支離破碎的兒時記憶，大多是父親喝完酒打罵母親的場景。

　　小時候最不喜歡見到父親的那一幫狐朋狗友，對父親酗酒卻無能為力的我，只好把責任推卸到爸爸的朋友身上，對那些叔伯我從不尊重，他們便說我不懂事，只有我自己知道，我之所以那樣做，是因為太早懂事，懂得愛惜家人的身體，懂得維護家庭的和諧。我怪罪父親的朋友，其實也並不是完全沒有道理，因為他們喝酒的方式，是不把人灌到爛醉

就不叫盡興。

　　父親現在基本上已經戒酒了，他早些年因為酗酒，得了嚴重的慢性結腸炎，看病花光了家裡所有的積蓄不說，疾病給人帶來的痛苦是不言而喻的。吃一塹長一智，那幾年，疾病帶給我們家庭的重創，讓我們日日鬱鬱寡歡，好在父親不是不通情理，他在我和母親的千叮嚀萬囑咐下，終於把酒戒了。

　　因酒破壞了一個家庭，這是大家常常都能聽到的事。

感情深一口悶

　　我的家鄉在山東的魯西南地區，這裡是山東最為豪放的地方，飲酒文化自然也根深蒂固。要說優點，山東自古是禮儀之邦，山東人為人豪爽、待客厚道，缺點是遺留了一些封建陋習，長幼尊卑的觀念依舊盛行。

　　入座時，位置也有很多講究，坐主人左邊的是「主賓」，右面的是「次賓」，與之相對應的，左邊挨著主賓的叫「副主陪」，右邊挨著次賓的叫「次陪」，其餘人就可以隨意落座，但是往往身分地位更高的，會主動坐在裡面。

　　酒桌上的規矩繁多，有句順口溜形容得十分生動：主陪靠威望，副陪靠酒量，三陪靠膽量，四陪靠色相。

第一杯酒，由主人帶著大家喝，一般主人會説幾句開場白，客套幾句，定上喝酒的標準，這個標準是指一杯酒分幾次喝完，多數時候是六次，寓意著六六大順。後面的酒分別由主陪同樣客套一番，帶著大家喝，半斤酒下肚後，大家都已經面紅耳赤開始興奮，這時可以自由敬酒，其間勸酒的花樣百出，一頓飯大約要吃三小時，邊吃邊喝邊聊，每個人不喝到一斤很難離場。

用現代人的眼光來看，這些規矩體現的是封建時代嚴苛的等級制度，似乎你不按規矩出牌，別人就會不待見你，會不帶你玩，甚至會説你不合群，然後冷落你。大多數即使不愛喝酒的男人，都受制於這種鄙視鏈的種種壓力，為了表現出自己的合群，維護面子，都會開始練酒量，這種環境下，不會喝酒的人反倒是稀奇人物。

當然，這種現象不是山東獨有，幾乎遍布整個中國，在文化傳承過程中，遺留下來的有精華也有糟粕，我們需要做的就是取其精華，去其糟粕。

前段時間同學聚會，在排座上依舊講究，曾經感情純正的同學，非得靠著那些場面話、客套話來表達情感，難道所謂的成熟，就僅僅是戴上一張面具嗎？我一個同學秉著一股豪情，讓在場的每個人都給他敬酒，別人喝一杯他喝三杯，喝了一圈，自己逞能説沒事，在社會上混不練練酒量怎麼

行？結果自己借著上廁所的理由去吐，吐完接著喝。我十分不理解他為什麼要這般逼迫自己，只是為了練酒量，在眾人面前顯示自己能喝？或者在酒場上能夠獲得足夠多的面子？

從那以後，我就不想再參加這類聚會了，一來沒有共同語言，二來觀念上差別很大。在我們接受的家庭教育中，不少父親在我們到一定的年紀時，就會讓我們學習喝酒，那些所謂的在人情世故上用酒才能好說話的理由，不會喝酒的男人沒辦法在這個社會生存的說法，開始在我耳邊多了起來，當一個社會大多數人認同一件事的時候，它似乎就成了真理，不可動搖。

因而在飯局上，彼此虛情假意地敬酒，說著客套而不切實際的話，這樣表達一種感情，我說不上來為什麼朋友、親戚的真實情感要用虛偽來包裹，用客套話來偽裝，用逼人喝酒來表達，所以有了一句廣為流傳的「真理」：感情深一口悶。

用「不喝就是不給我面子」這種帶有威脅似的言語勸人喝酒，本質上是一種權利的要脅，對他人的服從性鍛鍊，一杯酒就可以給自己長顏面，可見他們內心是擔心被別人瞧不起的，不曾擁有強大的內心，骨子裡還是深深地自卑。

我想每一個為他人著想的人，都不會讓自己的朋友喝太多的酒，因為每個人都心知肚明那並非好東西，中國人好面

子，如果好到自欺欺人的地步，不見得是件好事。

因酒導致的家庭悲劇

　　我見過很多妻子管著不讓丈夫喝酒，在吃飯的時候，妻子總是苦口婆心地說著少喝點少喝點。她們其實內心是反感勸酒者，只是管不了別人，只能管自己的丈夫，可男人是為了面子可以不顧一切的動物。有的人是迫不得已，為了在社交關係中的地位，不得不喝；有的人是樂在其中，不僅自己愛喝，自己本身就是那個勸酒者。

　　「感情深一口悶。」

　　「不喝就是不給我面子。」

　　「我敬你一杯，先乾為敬了。」

　　「男人不喝酒，枉在世上走。」

　　「酒是糧食精，愈喝愈年輕。」

　　滔滔不絕的勸酒話，讓你不得不從了他，如果你並不想喝卻被逼迫，那種感覺並不好受，只在意自己開心，不顧及他人的身體健康和心理壓力，打感情牌或者拿自身地位來壓迫，讓人不得不服從，從本質上講，勸酒者是不在乎他人感受的利己主義者。

　　很多人用「小酌怡情，大飲傷身」來安慰自己，甚至有

人對適量飲酒可以軟化血管、用龜蛇中藥泡製藥酒可以延年益壽……等謠言深信不疑，不良商家宣傳每天一杯紅酒可以預防心腦血管疾病，是對人們生命安全的不負責任。

2018 年 8 月，世界頂級期刊《The Lancet》（刺胳針）發布了一項重大研究成果，研究顯示：即使少量飲酒，也會對健康造成傷害，而長期大量酗酒，會對身體造成嚴重損傷。

飲酒是世界第七大致死因素，也許你會反駁說自己的某位親戚每天都會喝酒，照樣活了九十多歲。這種人本身就有著長壽的基因，也許不喝酒能夠更加長壽，人們之所以喜歡盯著這種特例，忽略酒的危害，很大一部分原因是酒對人是間接傷害。你的身邊一定會有一些患有心腦血管疾病的中老年群體，高血壓、高血脂、高血糖、冠心病、心肌梗塞、動脈硬化、腦出血……，全世界每年死於心腦血管疾病的人數高達 1500 萬人，居各種死因的首位。

在五十歲以上人群中，大多數酒精引發死亡的疾病，是癌症和心腦血管疾病，研究發現，酒精對於人體的損傷是不斷累積的，年輕的時候喝酒看不到太大影響，經過常年累積，到了中老年時期，身體各個器官就會顯現出嚴重損害。

前兩年，我好朋友的父親因喝酒去世了；一年前，我父親的戰友因為喝酒死在酒桌上……。我們都知道，酒是一級

致癌物，好多人都在強調「喝酒是迫不得已，要想社交就得喝酒」，這個觀點我是極為不贊同的。

我特地觀察過酒場上的人，愛喝酒的沒人勸也玩命地喝，因此酒精能夠使人上癮，給人帶來快感。拋開一小部分不得不喝的場景，大部分男人都是自己想喝，管不住嘴罷了，那些不得不喝的藉口，只是用來搪塞妻子及孩子。

那些因酒導致的家庭悲劇，有人會把他們的不幸歸結為大環境，在小地方辦事工作不得不喝，我把他們的不幸歸為觀念。因為觀念傳統閉塞，人云亦云，不能堅持自我。

我身邊的長輩也有滴酒不沾的，也有最多一杯的，反而這種人非常自律，家庭關係也處理得非常和諧，那種圓滑油膩愛喝酒的，儘管交友廣泛，家庭卻不那麼幸福。

👤 人生得意須盡歡

我認為作為一個有責任心的父親，對家庭最大的愛和責任，就是愛惜自己的身體，而不是為了所謂的事業去酒場海飲，或者和酒肉朋友一起吃喝玩樂。當你失去了健康，擁有再多的財富也無濟於事。

我父親曾經嗜酒如命，後來因為得了重病戒了，其間有一次以為病好了又開始喝，那天我跟著他去聚會，飯桌上很

多人勸他喝酒，後來當著一桌子長輩的面，我把酒杯狠狠地砸在了地上，砰的一聲響，讓我爸顏面盡失，也讓所有人大吃一驚。

他們都開始數落我不懂事，我承認，我就是那個「不懂事」的人，因為我從來都是不迎合別人的人。因為我「不懂事」，我不想看到我爸舊病復發，我寧願用這種方式給我爸警醒，最後落個「不懂事」的稱號，沒有什麼不好。

回到家後，我給我爸寫下條約，我說為了我和我媽，請你放棄酒吧，這才是真正為了這個家。這件事過後，我爸每次在酒場上都說身體不好以茶代酒，時間久了，大家也就不會多勸了，儘管如此，完全沒有影響到他和朋友們的關係。

藉由這件事，我個人的啟發是，人最大的資本是健康，所有說不得不喝的都是藉口，為了自己的健康、為了家庭的幸福，也得好好對待自己，不要為了討好別人或者為了面子做愚蠢的事。

有人也許會說無酒不歡，儘管知道喝酒帶來的種種壞處，但是就是喜歡喝，就像明明知道漢堡是垃圾食品，但還是喜歡吃。人不是純粹理性的動物，如果真的想要健康，不如每天按照營養成分表搭配出健康的飼料吃豈不是更好？只是如果這樣吃，人生將毫無樂趣可言。

這種說法是有一定道理的，我自己也愛酒，我對紅酒、

黃酒、白酒、清酒都略懂一二，正是因為愛酒，看到酒桌上人們灌人喝酒，以多為榮，才會感到中國酒文化被人糟蹋得不成樣子。我認為喝酒不是不可以，要有三個原則：第一是適量飲酒，第二是自願飲酒，第三是有疾病不宜飲酒。

飲酒講求自願和心境，是一種自由和灑脫，遇到良人把酒言歡是人生一大快事。

是白居易口中的「晚來天欲雪，能飲一杯無」。

是李白口中的「人生得意須盡歡，莫使金樽空對月」。

是蘇軾口中的「休對故人思故國，且將新火試新茶。詩酒趁年華」。

美酒雖好，要與對的人共飲，切莫強人所難。

酒是用來品的，不是用來拚的

我們追根溯源，中國人為什麼會有勸酒文化呢？不勸人喝就覺得好像招待不周。

中國人的表達方式委婉含蓄，比如中國人送禮，客人來送禮，主人肯定出於禮貌要謙讓，用方言說叫「作假」，反覆推讓幾回，一來二去間才把禮物給收下了。

酒就像那個禮物，在貧窮年代酒很是珍貴，不是天天都能喝到的東西，每逢喜事或者過節親友聚在一起，把珍貴的

酒拿出來互相謙讓，讓別人多喝點這來之不易的佳釀，生怕客人不好意思喝，所以要反覆地推讓。

可時代變了，現在酒人人買得起，甚至可以天天喝到，酒也不是以前珍貴的佳釀了，但是當習慣形成了一種規範，規範有了文化的底蘊，就成了一種習俗。有的人利用習俗，以酒作為攀比的工具，就變味成了陋習。

酒文化的背景是禮節、謙遜，是中國人獨特的魅力所在，但不是所有的文化都全盤地傳承，有精華就會有糟粕，能夠不畏他人的眼光堅持自己的人，能夠繼承優良傳統而摒棄陋習的人，才是真正的生活家。

學會拒絕是一種自我保護，當別人勸酒時，我們可以採用委婉的方式拒絕，比如開車去吃飯、聲稱自己有慢性病、說自己對酒精過敏、偷偷把酒換成水……，只要是自己不情願，就得學會拒絕。一般剛開始時大家還是會勸你，但多拒絕幾次形成習慣，也就沒有人勸了。

拒絕他人的方法有很多，我想說的是：酒品如人品，如果有個人逼著你喝酒，不停地勸你，你就應當知道他是個什麼樣的人，大可拒絕他。當我們努力做自己的時候，在尊重自己內心的道路上，必定將會引起許多人的厭惡，而那些厭惡你的人，也沒必要與之來往，從中篩選出真正的朋友，反而過得開心一些。

　　我自己喜歡收集各種類型的陳年佳釀，那是糧食沉澱的精華，慢慢品嘗是一種愜意和優雅。酒逢知己千杯少，古有李白酣暢淋漓、藉酒抒發情懷，如今白酒、紅酒、啤酒琳琅滿目，體驗學習多元化的感受和酒的製造過程，酒的內涵和品味，給我們生活帶來了不少的樂趣。所以，酒是用來品的，而不是用來拚的，酒不像煙一樣有百害無一利，怎麼飲酒就得看不同人的不同理解了。

　　堅持自己本心而不在意世俗的眼光和譏諷的人往往是少數，世界就是需要大多數人相互迎合他們所規定好的生活方式。偶爾和朋友喝瓶啤酒，活躍氣氛也是挺好的，跟朋友聊天，我也會把這種思想傳達出去，我們用心做好自己、堅持自我，就難能可貴了。

7

讀心術：人際交往中的實用心理學技巧

👤 首因效應

首因效應（Primary Effect）也叫第一印象效應，在人際交往中，雙方形成的第一印象，對以後彼此的關係影響深遠，哪怕這個第一印象並不能代表這個人的真實情況，但在心目中的記憶是最深刻的。心理學研究發現，接觸一個人45秒，就能產生第一印象，也就是說，人與人之間的好感真的是「始於顏值」，透過一個人的年齡、相貌、穿著、動作、氣質、表情，來判斷一個人的內在修養。

生活中利用這一效應的情境並不少，比如「下馬威」、「新官上任三把火」，人們參加面試、約會、聚會時，就需要給別人帶來好的印象，在這方面需要給自己下一點功夫，特別是外在形象上打扮得體時尚，談吐舉止表現得落落大方，這樣就能給人帶來長期的好感。

登門檻效應

前文中我們提到過，魯迅在《無聲的中國》寫道：「這屋子太暗，須在這裡開一個窗，大家一定不允許的。但如果你主張拆掉屋頂，他們就會來調和，願意開窗了。」

這就體現了心理學中的「登門檻效應」，一個人一旦接受了一個微不足道的小事，就可能接受更大的要求。

比如你想要向朋友借 1000 塊錢，但是又擔心被朋友拒絕，於是你向他借 100 塊錢，這時朋友一般都不會拒絕。隔天把這 100 塊錢還給他，再向他借 1000 塊錢，這時朋友極有可能就會借給你。

上文中魯迅說的正好相反，但道理都大同小異，他先提出一個大的要求，然後再假裝妥協放低要求，這時一般不會有人再去拒絕。

酸葡萄效應

酸葡萄效應起源於《伊索寓言》中《狐狸和葡萄》的故事，狐狸本來很想吃到葡萄，但是無論他怎麼跳，都沒能摘到葡萄，所以只好自我安慰，說葡萄是酸的。

《酸葡萄效應》一書中提到，儘管我們不屑以惡意揣測

別人，但對別人的惡意攻擊，絕不可溫柔相待。生活中有很多人，不希望別人比自己過得好，一旦發現別人過得好，就會產生嫉妒心理，費盡心思去詆毀對方，他們表面看上去也許和藹可親，但是卻城府極深，對於這類人，趁早遠離是最有效的自我防衛。

富蘭克林效應

富蘭克林效應是指，讓別人喜歡你的最好方法不是去幫助他們，而是讓他們來幫助你。

一味付出可能並不能換來回報，但引導別人為自己付出卻更有效。生活中我們不難發現，好的人脈關係都是麻煩出來的，害怕麻煩別人並不是好的習慣，人與人之間的交情，就是在互相麻煩中得到加深。如果你想和某個人建立關係，就試著請他幫你一個小忙，這會讓人感受到你對他的認可，從而拉近彼此的關係。

共情能力

共情能力是一種理解他人情緒的能力，設身處地為他人著想，也就是我們平時所說的將心比心，因為每一個人的共

情能力有所差異，現在社交中將具有較強共情力作為重要的能力之一。

共情能力能夠給人帶來智慧和洞察力，能夠感知他人的內心和想法，共情能力弱的人，往往對別人的痛苦不敏感，缺乏同理心，為人處事更為利己。

我有一個測試共情能力的小技巧，雖然並不完全科學，但也具有一定參考意義。當你和一個人去電影院看電影，別人被電影中的情節感動到落淚，而他卻波瀾不驚，很有可能他的共情能力並不高。

暈輪效應

暈輪效應就是人們常說的光環效應，它本質上是一種他人以偏概全認知的偏差。

比如面對一個長得非常帥氣、著裝高級的人，你的內心就不自覺地認為他非常優秀，並且他所說的觀點你多半會表示認同。相反的，面對一個長相不佳、打扮不得體的人，你會看他哪裡都不順眼，全盤否定他們的行為。

這也是為什麼追星族那麼瘋狂迷戀明星的原因，在生活上，也有很多暈輪效應的案例，比如「情人眼裡出西施」、「愛屋及烏」，喜歡一個人順帶會喜歡他的一切，討厭一個

人也會毫無理由地討厭他所做的一切。

刻板印象

社會刻板印象是懶人的最愛，因為他們習慣將複雜的問題簡單化，對事物進行簡單的標籤化，一旦事物被標籤化，就可以進行分門別類，理性思考就此停止。

比如常見的「地域黑」、「種族歧視」、「男尊女卑」……，刻板印象是一切偏見的根源，也是狹隘的心理特徵。

《溝通的藝術》這本書認為，去除對他人的分類，試著把對方看作一個獨立的個體，而不是你假定擁有某種共同特徵的群體中的一員。

吊橋效應

吊橋效應非常有意思，它是指當你走在一個吊橋上，嚇得渾身發抖，心跳加速，這時如果你碰巧遇到一個人，你的大腦會將這個人和心跳加速聯繫起來，是因為對方才導致了自己心跳加速，因而會愛上那個人。

這個效應告訴我們，一起做一些讓心跳加速的刺激的事

情，能夠增進彼此的感情。如果你想追一個人或者想和另一半感情升溫，那就帶他去陌生的地方尋求刺激，比如看恐怖片、坐雲霄飛車、高空彈跳、跳傘、潛水……等。

馬太效應

「二八定律」告訴我們，世界上 20% 的人占據了 80% 的資源，馬太效應講的就是這個意思：強者愈強，弱者愈弱；富人愈富，窮人愈窮。

這一現象是 1986 年美國科學家羅伯特·莫頓提出的：相較於那些不知名的研究者，聲名顯赫的科學家會得到更多聲望，即使共同完成同一個項目，最終的名譽還是給予那些已經取得聲望的科學家。

在人際社交中，個人魅力強者會吸引到更多的朋友，透過朋友就可以認識很多人，擴大社交圈。我們要做的應當是提升個人魅力和價值，去吸引到更多的人脈，而不是去討好奉承來獲得他人青睞。

峰終定律

峰終定律指的是，如果在一段體驗中的高峰和結尾是愉快的，那麼這段體驗就是愉快的；反之，如果高峰和結尾是喪氣的，那麼這整個過程都會令人感到喪氣。

在飯店裡吃飯，裡面的每一道飯菜未必都可口美味，但是飯後老闆多送一份水果和甜品，就會讓人印象深刻，進而對這家飯店產生好感。

和朋友出去玩，過程也許讓人感到疲憊，回到家中朋友的一句問候：「到家了嗎？」會讓你感到對方的體貼。

「一個好的結局，等於成功了一半。」舉行活動時，哪怕過程並不怎麼樣，在結尾時愉快收場，會讓人對這次活動評價頗高，但如果是不歡而散，別人也許就再也不會來參加你舉辦的活動了。

自我暴露

如果你想和一個人快速拉近關係，增加對方對你的信任感，可以透露一些你的祕密或者家庭故事給他，當你主動把自己的隱私告訴別人時，你是在用自我暴露的方式告訴對方：我信任你，因此才把我的祕密告訴你。

這時對方會對你產生信任，也會和你分享一些自己的祕密，祕密交換是社交場景中互相信賴的表現，這時你們之間的關係會被迅速拉近。

讚賞原理

讚賞別人要比給別人建議更能達到預期效果，當你想要一個人做出改變的時候，給他出謀劃策或者説教，並不能真正改變他的想法，甚至還會遭到厭煩。這時你只需要對他讚賞，並且鼓勵他如果怎樣做能夠做得更加出色，這時受到讚賞的他正心情得意，利用讚美的方式提出要求，對方會更容易接受。

比如孩子玩電腦遊戲時間太久、學習時間太少，你的批評可能會導致他更加厭學或者反抗，可以這樣對他説：「寶寶，老師最近誇你在課堂上表現進步了很多，以後依然要好好表現，今天把作業認真地完成了，媽媽獎勵你多玩半小時電腦怎麼樣？」

這時被誇讚的孩子臉上洋溢著笑容，會欣然接受你的提議。

出醜效應

平庸的人犯錯誤會更加不受人尊重，精明的人犯一點小錯誤，不僅是瑕不掩瑜，而且更能夠拉近與周圍人的距離，從而引起別人的好感，甚至成為加分點。

有的人習慣包裝自己，在人群裡總是顯得高高在上，和大眾的距離感比較強，這種人看似優秀，卻不會討人喜歡。真正精明的人往往都會自嘲，自己透露出自己的一些缺點和不足，這樣會讓人感覺到他的真實。

白熊效應

我們來玩一個有趣的實驗，看到這裡的時候，告訴自己：「不要去想白熊。」

這時，「白熊」的外形有沒有在你腦海中出現呢？

實驗顯示，無論是別人還是自己告訴你「不要去想白熊」時，偏偏白熊會在你的腦海裡出現。如果你真正想要忘掉一個人，就不要去恨他，因為當你聽到恨的時候，那個人就會浮現在你的腦子裡，這樣你永遠也不會忘記他。

愈想忘掉一個人，可能就會記得愈牢靠，不如讓他順其自然，成為匆匆過客。

需求理論

心理學家馬斯洛透過人類的動機角度，提出了需求層次理論，將人類的需求共分為七級，從低到高依次為：生理需要、安全需要、歸屬和愛的需要、尊重需要、認識和理解需要、審美需要、自我實現的需要。其中前四個為缺失性需要，後三個為生長性需要。

一般而言，人的需要是從低級到高級逐步滿足，向上發展。但它不是固定的，一個人會產生多種需要，同一時期總有一個需要占主導地位，高層次需要滿足了，低層次需要依舊存在。

不論是高層次需要還是低層次需要，人都不會得到完全的滿足。當一個人在早年時期，對某種需要的過度缺失，會導致他在成年後對該需要極力追求，比如童年時期安全、歸屬需要沒能得到滿足，成年後就會導致缺愛、缺乏安全感的人格特徵，會在未來多年裡尋找那份缺失的依賴感。

PART 4

建立個人品牌，
成為不可或缺的人

1

有效打造個人品牌

口碑即是名片

美國管理學家彼得斯說過：「21世紀的工作生存法則，在於建立個人品牌。」

如果你經營一個產品，只想將受益最大化，不斷降低成本、抬高價格，看似能夠獲得更高的利潤，實際上這種產品毫無競爭力。擅長經商之人，懂得經營口碑，口碑好的產品能夠吸引到更多客戶，漸漸就形成了「品牌」。

日常生活中，我們多數消費者不會深入瞭解每一件產品的製作與優劣，經常會透過品牌這個標籤來判斷商品的價值，哪怕會有「品牌溢價」，人們也會選擇這些大眾認可的產品，畢竟相信品牌能夠降低我們的時間成本，提高我們的選擇效率。

我們用產品思維來打造個人的影響力，在這個資訊繁

雜、生活節奏飛快的時代，人與人之間的交往也變得碎片化，深入瞭解一個人的成本過於高昂，因此人們習慣將人標籤化。這種方式雖然帶有強烈的刻板印象，但標籤確實是能夠影響給人帶來的第一印象，能夠給別人帶來一些訊息，讓他判斷是否有必要繼續深入瞭解下去。

我曾聽人說過一句話，令我印象深刻：「你要努力讓每一個遇見你的人，都成為你口碑的傳播者。」

如何才能夠實現這一點呢？我讀了很多書，也見到過很多很有個人魅力的人，我發現書中那些精心打磨的話術、刻意為之的技巧都顯得有些做作，它除了讓生活變得很累外，幾乎毫無用處，而那些真正口碑與魅力俱佳的人，與人交往時往往帶著發自內心的真誠。

儘管我知道這種話看起來比較虛，但人是聰慧的動物，你的真誠不必宣揚，也能深入人心；你的虛假即使掩飾，也會被人察覺。

有的人能言善道，但不一定真誠，有的人老實結巴，關鍵時刻卻可能給你帶來援助。偽裝的話術在會識人的人面前，看來就是花言巧語，一個人想要獲得好的口碑，首先需要良好的品質和修養。

自己誇自己，難以令人信服，人們往往相信背後說的話，如果背地裡有人誇你，那才是口碑爆棚。當你口碑好的

時候，意味著聚集了資源和信任，工作上不需要簡歷，相關的獵才就會找到你，不需要花費大量時間去找工作；在相親市場上，媒人也會將優秀的另一半介紹給你；當你犯錯時，人們也會給予你更大的寬容度。可見好的口碑就是人們的專屬名片，給人帶來人生的驚喜。

生活中常聽到一些貼近個性的形容詞：老實、實在、誠實、善良、能幹、懶惰、滑頭、小氣、大方、做作、虛榮……，如果讓你給自己貼一些標籤，你覺得哪些形容詞比較貼合呢？你又知道你在別人心目中的形容詞是哪些嗎？

找到自己的優勢定位

你瞭解自己的優點嗎？我曾經做過這樣一個實驗，我讓幾個朋友在紙上寫上自己的十個優點和十個缺點，並且盡量按照重要程度依次排列。然後再讓他們互相寫下對方的優缺點，結果發現，他們對自己優缺點的評價，往往用詞比較籠統，而對別人的評價則比較具體。

當自己看到別人寫下自己的某些優缺點時，大家的心裡會覺得不好意思，因為寫得過於真實，這些直指內心的言語，往往揭露了自己在日常生活中會回避的一面。

可以說，多數人很難真正瞭解自己，想要更認識自己，

就需要反思的能力，這需要在腦海中立起兩面鏡子，一面是
將自己的行為作出複述，另一面則需要對複述出的行為進行
自我批判和再思考。

學會反思是一種能力，並不是所有人都能擁有這項技
能，只有人們不斷反思自己的心靈深處時，才能知道自己內
心需要什麼、渴望什麼。每一個人都是獨特的個體，有著與
眾不同的氣質類型，這些共同組成了你在別人眼裡的印象，
當你開始對自己的動機和需要進行複盤，並且逐步瞭解別人
眼中的自己時，才能給自己的「個人品牌」進行定位。

也許某人自我感覺良好，但他在別人眼中可能是一個能
言善道但是偷奸耍滑的人，沒有人會當面把他的負面評論告
訴他，私底下和別人議論的內容也不會透露給他，所以想要
瞭解自己在別人心中的樣子並不容易，如果可以做一些互相
給對方提出優缺點的遊戲，用輕鬆愉悅的方式也許會更好。

認識自己的優勢和不足，在此基礎上做些調整，不要奢
求能夠成為自己羨慕的那種人，因為每個人的性格、氣質往
往已經固定，你只需成為更好的自己即可。

人們能做的是將自己的長處擴大，比如你是一個內向敏
感的人，你不必難為自己變得活潑開朗，只需要發揮內向者
的優勢，精簡好友，深入交流，待人以誠，從事一些人際關
係相對單純的工作，一樣也可以生活得很富足。

讓別人知道並認可你的價值

具有堅定的立場和自信。儘管在社交生活中，我們想要獲得他人的認可，但是最好不要將自我價值感建立在他人對自己的認可上，否則自己的生活將會由他人主宰，成為他人價值觀下的附庸。這種做法本身是想要滿足他人的期待，贏得他人的尊重，恰恰相反的是，愈是想要滿足別人，就愈顯得地位低下，從而會被人瞧不起。

一個擁有堅定立場和自信的人，會散發出堅韌的氣質，他不會隨波逐流，人云亦云，對事物的認知有著自己的邏輯，這種氣質能夠帶給周圍的人穩定感和安全感。

自信的一個表現就是立場堅定、情緒穩定，自我價值感強。這種情緒會傳染給周邊的人，與之相處能夠感覺在交談中更加直接自在，在堅定的情緒中，讓旁人感覺到你的價值和自信。

清晰的目標和自我價值實現。在社交媒體上，有很多類似的貼文：一個 125 公斤的胖子，透過運動健身成功逆襲，成了一個 70 公斤的帥哥，這時你對這個人的印象一定是自律、堅定、值得信賴。人最怕的是沒有目標、渾渾噩噩地生活，頹廢會給你帶來焦慮，在與人的交往中，你會把這份焦慮傳播給其他人。

根據馬斯洛需求理論，人的最高需求是自我價值的實現，其次是審美、尊重、愛、安全的需求，反過來講，一個努力追求目標、實現自我價值的人，更容易受到他人的尊重和愛戴，這是相互作用的。

我從來不會講成功學，因為成功不是衡量人生的唯一標準。人們只有在一次次超越自我、擊敗頹廢的過程中，才能找到自我的價值感充實感，其次才是被別人認可你的價值。

我們之所以需要努力，首要目的是擊敗內心的焦慮，實現自己的價值，改善自己所愛之人的生活環境，順帶會被人另眼相待。

鑽研一項個人技能。提到貝多芬，你第一個想到的是音樂；提到梵谷，你第一個想到的是繪畫。如果提到你，第一個想到的會是什麼呢？人們不需要被標籤綁架，但是人們需要標籤，大腦就像一個心智圖構成的認知網路，而心智圖的核心是選擇關鍵字，這種認知方式最為簡單便捷，當你想到一個人時，首先想到的是一個個關鍵字構成的標籤，其次才是標籤後面更加全面的資訊。

世界上沒有幾個全才，找到你最喜歡最擅長的事，將它發揮到極致，那就是你個人最核心的價值表現。

比如你是一位資深的室內設計師，當你的親朋好友買了新房子想要裝修時，看到裝修就想到了室內設計師，從而一

定會想到你，這時可能會打個電話給你，要請你為他的家進行設計。同樣在他們的社交圈裡，如果有人買了新房子，你的朋友就會將你推薦給他們，這樣你就可以透過人脈，接到源源不斷的訂單。

這個前提是，將你的核心技能挖掘出來，並且鑽研下去，成為一個行業的專家，讓你和你的專長連結起來，幫自己設計一個標籤，標籤簡短利於傳播，提到這個詞首先想到的就是你，透過口耳相傳，你的價值也就能得到實現。

2

有哪些行之有效的學習方法？

上中學時，我的學習效率很低，以致於沒有考上一所優秀的大學。去上大學後，我經常做夢感到懊悔，常常夢到又重新參加大考，如果再有一次機會，一定會透過大考改變命運。

然而人的一生會面臨很多次抉擇，不會因為一次錯過而失去機會，大學時我開始發奮圖強，因為我知道一所二流大學的畢業生，很難獲得一流的職業。

那時我每天去圖書館自習室自習 12 小時，觀察身邊的學霸們如何提高學習效率，分析他們保持自律的根源，經過一年的努力，我基本上將本科能考的證照全部考完了。在學習的同時，我還堅持每天睡前閱讀一小時，並且在網路上發布文章，每天堅持寫 2000 字。

自律者自由，長期的自律生活後我發現，保持自律不會因為學習而感到勞累，反而會開始享受高效學習帶來的充實感，曾經無所事事的生活，就相對顯得枯燥空虛。

　　保持自律貴在堅持，最好不要在中間停歇太久，一旦停止，就給了惰性可乘之機。因為大學時的努力，畢業後我選擇了前往北京，進入了行業內頂尖的公司工作，可見一個二流大學畢業的普通人，也能改變自己的命運。

　　透過觀察學霸們的作息規律和研究心理學知識，我總結出了一套行之有效的學習方法。現在，我依舊利用這些學習方法提升自己，在工作中，我將這套方法用於部門的新人培訓，效果出乎意料地滿意。

整理學習動機

　　人之所以能夠保持長時間學習，是因為具有強烈的學習動機，學習動機可以分為內部學習動機和外部學習動機兩部分。

　　內部學習動機就是對學習的內容本身感興趣，不需要逼迫自己也能享受其中。比如張三對網路小說十分痴迷，不僅喜歡看還喜歡寫，對網路小說進行深入鑽研，並可以保持每日寫作 6000 字，後來成為一名知名的網路寫手。

　　內部學習動機具有強大的驅動力，想要發揮它的力量，你需要明白自己對什麼感興趣，內心熱衷於什麼，三百六十行總有一行是你喜歡的，將一項工作重複一萬小時，你就是

這一行的專家。

好比日本的匠人精神，90 多歲的壽司之神小野二郎，將一份小小壽司做到了極致，對食材、溫度、配料以及每一寸力度，都有嚴苛的講究，為了讓捏壽司的手保持細膩，他常年佩戴手套，那雙握壽司握了 70 多年的手，依舊溫潤細軟。

同時，外部學習動機也同樣重要，比如為了能夠出人頭地，讓周圍人投來羨慕的眼光；為了讓自己的父母或孩子，能過得更舒服一些；為了提高自己的性吸引力，獲得心儀對象的青睞……，總之，學習之前，你得搞清楚自己學習為了什麼？學了有什麼用？如何去學？把這些寫下來，並且時時刻刻提醒自己。

比如你學習室內設計，每天面對電腦畫圖建模的確非常枯燥，這時你需要的內部驅動力是，室內設計是一項有趣的工作，它能夠帶你領略藝術的美學，看著一棟房子從毛坯到極具現代風格的精裝房，是一件極有成就感的事。而你的外部動機可能是，室內設計可以帶來豐厚的收入，能夠結識很多志同道合的藝術家，透過努力成為設計大師，贏得社會地位和財富。

專注與時間管理

人的自制力是反人性的，懶惰才是人的本性，一旦你的學習過程充滿了干擾，專注力就會不集中，因此你需要提高自己的專注度，選一個好的環境極為重要。大學時我會去圖書館自習，放假時會到當地的共用自習室，工作後會在圖書館和安靜的咖啡館學習辦公。總之，家裡或者宿舍並不是個理想的學習地方，不但沒有學習氛圍，還充滿了諸多誘惑。

學習時應該收拾乾淨桌面，沖一個熱水澡，給自己準備好水杯和零食，營造一種具有儀式感的環境，雜亂會帶給人煩躁，內心不安時，很難靜下心學習。

仔細觀察，學霸的作息是十分規律的，他們往往不是學習到深夜，而是早起早睡。熬夜學習並不是科學的學習方法，而早睡可以使身體休養生息，保證了第二天的精力充沛。

如果每天堅持朝 6 晚 10 進行學習，你會不會覺得困難？也許讓你堅持三天，你可能會覺得度日如年，可是一旦你能夠堅持 21 天，就會覺得也不過如此了。

在行為心理學中，人們對一個新習慣的養成並得到鞏固，至少需要 21 天，被稱作 21 天效應。21 天後，你會從一開始的刻意、不自然的狀態，變成不經意、自然的學習狀

態，不再需要意志力不斷告誡自己。

　　幫自己列出一份計畫表，愈詳細愈好，最好具體到每一個小時。我的建議是，大方向的計畫表可以提前準備，精細的計畫不要預先準備，而是在這一小時開始時，利用一分鐘時間寫下自己未來一小時需要完成什麼，因為事先做的詳細計畫，往往得不到實現。一天如果學習 8 小時，就將它分成 8 份，寫下 8 個完成目標，這樣每一個小時都不會被荒廢。

費曼學習法

　　費曼學習法創造者是理察・費曼（Richard Feynman），他被稱為愛因斯坦之後最睿智的理論物理學家，諾貝爾獎的獲獎者。他本人是費曼學習法最大的受益者，這種學習方法一度風靡全球，成為史上最強的學習法。

　　費曼學習法分為四個步驟：

　　確定目標—回顧—提煉—傳授。

1. 確定目標

　　在一張白紙上，寫下你想要學習的內容，這個過程中不要使用太過概括性的語句，太過複雜的概念，其實是在糊弄自己的大腦。想像一下，你要將自己學習的內容告訴一個 8

歲的孩子，用簡單的語言描繪自己需要學習的概念，簡化學
習內容內在的邏輯關係，可以清楚地告訴自己，我今天所學
的，就是這麼簡單的一回事。

2. 回顧

　　當你大概完成了基礎的學習內容後，合上課本進行複
述，用自己的話將所學內容流利地複述出來。當中間遇到卡
關時，不要急躁，這是很正常的，你已經在掌握知識的邊緣
了，這時你需要將卡關的地方重新學習，反覆回顧，直到能
夠流利地講出來。

3. 提煉

　　現在可以拿出你的筆記本，對你所學的知識進行簡化和
條理化，不要使用原材料中晦澀的句子，你要用自己平時的
語言寫下你的理解，做到可以清晰地講給一個從未學過該知
識的人，使他也能夠完全聽得懂，這時你對這個知識才算完
全掌握了。

4. 傳授

　　費曼學習法之所以能夠行之有效，是因為它具有科學
性，完全符合人類大腦的認知加工方式。在美國緬因州國家

訓練實驗室研究成果顯示，不同的學習方式，對於記憶的效果有著巨大的差異。

被動式學習諸如聽講、閱讀的學習方式，學習內容的留存率只有 5%～ 10%；而主動學習諸如討論、實踐的學習方式，學習內容留存率可達 50%～ 75%；而最有效的學習方式是：把學到的知識教授給他人，如此學習內容留存率將高達 90%。

費曼學習法的最後一步，就是將之前所提煉好的內容傳授給他人（當然如果沒有人願意聽，可以講給你的寵物），當你講解給別人聽，遇到了卡頓、結巴等現象時，恭喜你，那就是你的薄弱點了，再去鞏固一遍，直到它刻在腦海裡為止。

艾賓浩斯記憶法

德國著名心理學家赫爾曼·艾賓浩斯（Hermann Ebbinghaus），描繪了人類大腦對新事物的遺忘規律，該曲線對人類記憶認知研究產生了重大的影響，我們透過大腦對事物遺忘的規律，可以加以利用，從而提升自己的記憶力。

艾賓浩斯研究發現，遺忘是從學習後立刻開始的，遺忘的過程並不均勻，遺忘規律是先快後慢：

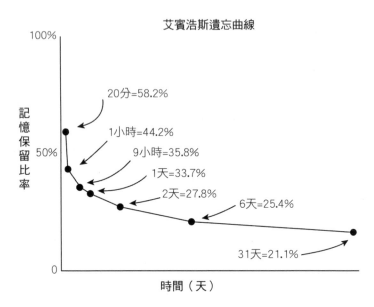

根據遺忘曲線我們可以看出，新學的知識點在一小時後就忘記 55.8%，一天後就只能記住 33.7%。在這種高速遺忘下，學習效率會變得很低，遺忘是必然趨勢，但是只要在遺忘的臨界點複習，就可以保持記憶，所以我們需要在大量遺忘前阻止它，學習後 5 分鐘就需要複述，盡量在一小時內進行複習，做練習題，每天進行複盤，每週進行總結回顧……

盡可能在一小時內多去複習，就是我們常說的趁熱打鐵，並且長期保持複習，這樣的效率將遠遠比你將一本書從頭到尾學一遍，然後再回過頭複習高得多。

心智圖法

　　心智圖法的精髓在於選擇關鍵字和建立邏輯框架。文字的描述非常繁長不容易理解，心智圖能夠用視覺化的方式，對知識點之間的邏輯關係進行連結，直觀並且簡化地表述了學習內容，利用圖像記憶，在腦海中建立出知識體系。

　　諾貝爾生理學或醫學獎得主羅傑・斯佩里博士（Roger Wolcott Sperry）經由著名的割裂腦實驗，證實了左右腦的不同分工理論，左腦從事邏輯記憶，右腦從事圖像記憶。右腦的儲存量是左腦的 100 萬倍，而心智圖就是將邏輯思維轉換為形象思維，對知識進行雙重編碼，達到事半功倍的效果。

　　心智圖法可以分為四步：**選擇關鍵字一建立知識網一記憶導圖一代入內容。**

　　精準概括地將書中內容簡化成一個詞或者一句短句，對知識進行壓縮整理，找尋這些詞語之間的內在關係，利用相關心智圖 APP 或者筆記本建立知識體系，利用不同形狀、顏色、大小的圖像表示關鍵字，用來刺激你的右腦。

　　然後將心智圖映入腦海，達到會默寫的程度，在搞清楚知識關係的情況下，再去代入詳細內容，看著心智圖，複述詞語背後的知識點。

加工記憶法

你最喜歡用到的記憶方法是什麼？我想大多數人在沒瞭解過高效學習法前，都會用機械記憶法進行學習，不斷重複書本上的原文，直到將原文背會。這種記憶方法不僅緩慢，而且記得不牢固。

《普通心理學》一書中講道：「精細進行複述，是儲存資訊最有效的方法，它是指把要記住的內容和既有的知識經驗連結起來。」

簡單來說，就是在記憶大量陌生的知識時，將知識點進行加工，用自己熟悉的知識經驗和自己的語言對知識點改良加工，加工得愈詳細，記憶效果就愈好。

我們來看一個例子，將美學的概念進行加工：

原文：美學是研究人與世界審美關係的一門學科，即美學研究的對象是審美活動。審美活動是以意象世界為對象的人生體驗活動，是人類的一種精神文化活動。

加工：所謂美學就是研究人的審美活動，什麼叫審美活動？審美活動就是人對世界的一種生活體驗、對美的認識，這不是物質活動，而是精神活動，表達了人的精神世界。

當然，這只是我對這段話的加工，每個人的版本都不一樣，可以根據自己的理解和原有經驗，來複述自己的理解。

當然，你也可以舉一些自己身邊的例子加深印象，比如自己對服裝、建築、雕塑、繪畫的美感認知。

加工過後，合上書本，試著用你自己的話將這一概念複述出來，不要擔心表達得不夠準確，按照自己的理解來即可。

這種方法的工作原理是，將陌生、複雜的概念轉化成自己熟悉的語言系統，大腦會對自己的理解印象更加深刻，相對於傳統機械式複述學習，加工學習法所用時間更短，記憶時效更長。

番茄工作法

番茄工作法由番茄時間管理工作法演化而來，是 1992 年由法蘭西斯科・西里洛（Francesco Cirillo）創立的。人的專注時長具有不穩定性，注意力保持高度集中在 25 分鐘內效果最佳。番茄學習法即時利用這一點，進行合理的時間規劃。

我們將一個番茄時間設定為 30 分鐘，包括了注意力集中 25 分鐘，加上休息 5 分鐘，如此迴圈，在完成四個番茄時間（120 分鐘）時，可以休息 30 分鐘。

在休息時間，不要思考上一個番茄或者下一個番茄的

204 PART4 建立個人品牌，成為不可或缺的人

學習內容，放空你的大腦，充分利用好 5 分鐘消除疲勞，
我的建議是可以採取冥想的方式，進行精神放鬆，準備好 5
分鐘的白噪音音樂，如海浪、下雨、鳥鳴……等音樂，好讓
自己進入冥想狀態。

當完成四個番茄時，可以做出規劃總結，回顧複習。當
你堅持一星期後，可以總結一下番茄學習法的時間管理對你
是否產生作用，也可以根據自己的需求，找到適合自己的時
間表，比如有的人可以一次專注 40 分鐘，那麼就可以將一
個番茄定為 50 分鐘，注意力集中 40 分鐘，休息 10 分鐘。
但不要頻繁更改這個長度，至少使用一星期，你才能體會出
到底多長的時間適合你。

卡爾維諾說：「我對任何唾手可得、快速、出自本能、
即興、含混的事物沒有信心，我相信緩慢、平和、細水長流
的力量，踏實、冷靜。我不相信缺乏自律精神、不自我建
設、不努力，可以得到個人或集體的解放。」

自律帶給人們堅定平和的力量，堅持後的欣喜可以擺脫
焦慮的內心，當下的忍耐是一種延遲滿足，為了準備迎接令
人嚮往的未來，只有耐得住寂寞，才能在撥雲見日時守得
住繁華。

3

提升認知結構，建立知識體系

　　小到一個圖書館，你可以透過編碼快速找到你想找的某一本書；大到整個宇宙，衛星、行星、恆星、銀河系周而復始，均成體系。

　　如果把一個人的大腦比作圖書館，裡面所有的書就是對世界的認知，知識體系就是對這些碎片化的「書」進行整合、分類、編碼，方便提取運用。在一個體系化的知識結構中，知識之間不再是孤立存在，而是相互連結和影響的，從而讓一個人變得博學多聞，這時人的思想會得到提升，將知識形成智慧。

　　在快節奏的生活中，充斥著各種簡短的資訊碎片，比如各種公眾號文章、抖音的科普影片、愈來愈「雞湯」化的暢銷書籍……等，不可否認的，裡面也有一些值得學習的知識，但是這些知識大多過於簡短，我們對知識的學習也慢慢變得淺嘗輒止，還沒有深入，就被下一個把眼球吸引跑了。

　　你會發現，你收藏了那麼多覺得有用的資料，卻沒有再

去翻過，它一直在「我的最愛」裡堆灰塵，絲毫沒有對你產生作用。知識如果不去複盤總結、建立體系，它就會在腦子裡等著被漸漸遺忘，而你儘管花費了大量時間，依舊沒能突破思維的牆，變得淵博睿智。

知識的獲取

・廣博

知識的涉獵應該廣泛，地理、歷史、政治、科技、文學、哲學……博覽群書，方能彙聚智慧，在網路時代，知識被二次加工，變得大眾化，大量的資訊會湧入腦海，這時我們涉獵的知識是非常廣博的，很多知識達到略懂一二即可。

但是你要做的是建立知識庫，比如你看書看到好的觀點、看影片看到好的片段，將其收集起來，可以借助網路工具收集，也可以做手寫筆記，將它們作為自己的知識庫，定期進行複盤，在這裡面你能汲取大量的知識。

想要做到廣博，就得經過常年積累，很多朋友說我為什麼什麼知識都懂一點，那是因為我一直保持一個習慣，從2007 年我擁有第一臺電腦開始，只要是生活中遇到不知道的問題、想要瞭解的東西，都會到網路上查，有時候一查就

是一下午。

現在的手機讓查詢變得更加便利，和朋友一起聊天時，遇到不清楚的事情，都會拿出手機來查。長年累月的積累，讓我在和別人聊天時，聊到什麼話題都可以探討一二，雖然不精通，但是作為日常交流也已足夠。

‧專精

在這個合作為王的社會環境下，一個人的力量畢竟微乎其微，對任何一個在社會上摸爬滾打的人來說，掌握一門別人難以替代的技術，都是至關重要的，想要具備不可替代性，就得做到專精。

任何一個行業，只要做到行業內前 20%，都能有一個不錯的待遇，所以在知識構建中，選擇一門知識鑽研到極致，你就是行業裡的佼佼者。

假如你是一名設計師，你需要掌握設計學的一系列知識，透過閱讀、看展、旅行來提高自己的審美能力，並且將學到的美學知識運用到設計中，把這個行業熟透了，你就會發現自己變成了設計大神。

就像那些具有工匠精神的匠人，幾十年如一日地打磨工藝，達到了藝術的高峰，將一門專業研究 10000 小時，就可以在這個行業裡如魚得水、遊刃有餘了。

建立網狀知識架構

建立網狀知識架構，要思考一個知識點的前因後果，以及知識點之間的邏輯聯繫。

我十分推薦利用心智圖的方式建立知識架構，將一個知識點進行分支，並且找尋與它相關的知識聯繫，建立直觀的引導圖。

以我自己為例，我將自己的個人認知體系做出了分類：

通識：哲學、地理、文學、藝術、經濟、歷史。

自我認知：請教他人、自我總結、自問自答、反思。

職業：寫作、出版、編劇、心理學。

生活：健身、穿搭、護膚、作息、健康管理、營養學。

愛好：繪畫、閱讀、攝影、露營、騎行。

我以「我」為中心，對自己的知識架構做出了系統的分析，做成心智圖，在此基礎上不斷細化，先列出大的關係圖，再去做小的關係圖。比如在我的職業中有心理學的學習，那麼我會再做一個細分，將心理學分為普通心理學、社會心理學、發展心理學、變態心理學……

再拿出社會心理學進行細分：起源—定義—研究範圍、理論流派、研究方法……等等。以此類推，便形成了完備的知識網，這個網路中只提取關鍵字，方便一目了然，將這個

知識網記在腦子裡，提取時就可以清晰明瞭地找到它的位置，並且可以看出它的從屬關係，和其他哪些知識具有關聯，這時你看待問題會變得透徹全面。

將知識為我所用，是學習的最高水準。

認知結構升級

形成一個完整的認知結構後，需要對認知進行更新升級，當你遇到一些顛覆三觀的事情時，不必慌張，這是在刷新你的認知體系，當你有一天變得對於任何事都不會大驚小怪時，你的三觀才真正趨於穩定。

認知結構的升級需要三個必要條件：**知識儲備的增加、閱歷眼界的拓展、自我總結反思。**

知識儲備需要透過讀書獲取，我個人在增加知識儲備時，所採取的方法是以讀書為主，一些影片課程、紀錄片為輔，現在一些專業的知識型部落客在網路上科普知識，十分生動有趣，看起來也很有樂趣。

還有一些諸如戴建業、蔣勳、易中天的講座，也是我不容錯過的，除此之外，一些優秀的紀錄片也讓我打開眼界，比如《藍色星球》、《人類星球》、《文明》、《河西走廊》、《蘇東坡》等人文自然歷史紀錄片。

關於閱歷，我認為需要長期總結生活經驗，儘管現在宅男宅女們足不出戶就能看到整個世界，但我還是建議多出去走走，看看真實的大千世界，和不同類型的人進行交流，這些帶給人思想的轉變，遠遠大於虛擬的網路。

最後是自我反思，羅素說：「有很多人，寧願死也不願思考。」思考是一種能力，不是人人都能具備，而反思是一種高級能力，它需要對自己的思考進行考問和批判。

有的人寧願渾渾噩噩，也不願意思考深層次的人生哲理，找尋自己生活的意義。在我看來，反思極為重要，在無人之地獨處，思考自己的未來、人生的規劃以及自己的價值，這個探尋的過程，給了生命更深的意義。

掌握知識是為了應用，只有將學到的東西實踐出來，才能加深印象，成為自己信手拈來的知識網路。我自己會透過寫作、表達及工作中的操作來使用所學知識，我想你也要找到自己擅長的事，並且用自己所學將它做好。

擁有了知識體系後，要記得時常打破它，更新重組是它富有生命力的一面，人不能墨守成規，不能保守守舊，長期在固定的思維模式下，人會變得狹隘，不斷更新知識體系，與時俱進，才能跟進時代的洪流，在不斷接受新的事物中，成為更優秀的自己。

4

如何取得他人的信任？

　　2020 年 5 月，非裔美國人喬治・佛洛伊德之死，揭露出美國社會的種族歧視和信任危機，據 CNN 報導，一項民調顯示，美國僅有 36％的黑人表示員警值得信賴，這個數字在白人中則為 77％。

　　一個種族對另一個種族的不信任，對人類而言是一場災難，在信任危機的背後，其本質是具體行為導致的刻板印象。比如黑人在美國的犯罪率遠高於白人，大多數員警對待白人比對待黑人更友善。

　　人類文明的建立和人際關係的形成，都基於彼此之間的信任，社會交往中，一旦一個人喪失了別人對他的信任，就很難立足於世。現代社會中，人與人之間的信任感愈來愈低，儘管接觸的人不斷增多，但心理距離卻逐步在拉大，人與人之間的疏離感，讓我們變得孤獨。

　　信任於你我而言是立身之本，心理學家愛利克・艾瑞克森（Erik Homburger Erikson）提出的人格發展階段裡，第一

階段就是「基本的信任對不信任」。嬰兒在一歲左右時，就開始與身邊最親密的人建立信任關係，一開始是自己的母親，對母親的信任和依戀，將會影響人的一生。

在童年時期開始信任夥伴，在青春期信任情侶，成年後我們愈來愈發現信任的重要，別人對我們的態度都來源於我們自身。取得信任是當代社會的通行證，因此我經常強調，如果把一個人看作一個品牌，你要努力讓每一個遇見你的人，都成為你口碑的傳播者。

美國心理學家安德森做過這樣一個實驗，他把 550 個人物特質的形容詞列成表格，拿給大學生選出最喜歡的和最討厭的特質。

結果顯示，最受歡迎的人格品質依次排序為：誠懇、誠實、理解、忠誠、可信、可依賴、聰明、關懷細心、體諒、熱心。

最不受人歡迎的人格品質依次排列為：欺詐、精靈古怪、惡意、殘忍、不誠實、不真實、做作、不可信賴、冷漠、貪婪。

由此可見，誠懇的人走到哪裡都會受到歡迎。關於如何取得別人的信任，獲得真摯的友誼，我談談我的看法。

大道至簡：少說漂亮話，多做誠實事

很多人談起人際交往，就會想起那些能言善道、精明細膩的人，他們似乎在各種場合都顯得遊刃有餘。特別是在一些應酬或者娛樂活動中，一般不怎麼善於言談的人，往往羨慕這類人的能言善道，但是如果身邊有一些經驗老到的人就能看出來，會說話和會做事是兩碼事，愈是聰明的人，愈不會被漂亮的話騙了。

那種只會說話、做表面功夫的人，適合做一次性的買賣，拉不來回頭客，一旦多接觸幾回，大家也就看透了，很難取得信任。這些年來，我愈來愈能體會大道至簡的道理，與人交往的時候，不必搞那些花俏的表面功夫，重要的是待人以誠、簡單待人。

我身邊有很多朋友他們不善言談，甚至嘴很笨，卻是實實在在的老實人，身邊交往的也都是值得信賴的朋友。長期交往看的是為人，不狡猾、不功利、與人無害，大家才能對你放鬆警惕。

大智若愚，大巧若拙，那些自以為精明的人，覺得自己很會為人處事，但別人也都不傻，有時候看破不說破而已，市面上教人處事的攻略數不勝數，而在我看來，還是真誠最得人心，真誠，是最高級的情商。

　　社會上真正優秀的精英，他們做事往往磊落果斷，與人合作時不兜圈子，提出自己的需要，問清對方的需求，站在對方的角度考慮問題，少說漂亮話，多做誠實事。也許在你看來他們不夠老練圓滑，甚至會吃虧，但是從長遠的角度來看，種下的因必將收穫成熟的果，這種人才真正值得信任，才能獲得長線的回報。

樹立口碑：降低交往中的風險

　　當你信任別人時，本身就帶有風險。每個人的內心都有一套風險評估機制，假如一個朋友向你借 1000 塊錢，這時你內心肯定需要評估一下你們之間的關係，對方的人品和經濟實力，假如借了錢沒有如約還錢，你對他的風險評估一定是大幅提升的，如果他最終都沒有把錢還給你，你會發誓再也不會借給他一毛錢。

　　我們想要在與人交往中樹立口碑，就得降低別人信任自己時帶來的風險，我們先來看看一些常見的引起信任危機的風險：

1. 借錢不還

不到萬不得已，不要向別人借錢，也不要輕易借錢給別人。借錢是一項非常損耗關係的行為，如果借錢就得約定好歸還的時間，如果金額比較大，就主動要求對方寫借據，請對方按時歸還。

2. 在背後說別人壞話

不要在背後說別人的壞話，世界上沒有不透風的牆，那些壞話難保不會傳到他們的耳朵裡。你在向某人說別人壞話的時候，某人也會對你心存提防，因為他覺得你也有可能在背後這麼議論他，所以要管住自己的嘴，才能受人尊重。

3. 朋友需要幫助時未能援助

當別人愈需要你、愈艱苦的時候，你伸出援助之手雪中送炭，這時信任就愈強烈。反之，朋友最需要你時，你卻選擇了逃避，這時他對你的印象會差到極點。

4. 出爾反爾，言行不一

一直堅信某事物會按照一定的軌道運轉，如果有一天它偏離了，即使重新回到原來的軌道，但從此大家就變得沒那

麼堅信不疑了。「人無信不立」，一次小的失信要花大量精力去彌補，切勿覺得無所謂。

5. 斤斤計較，占小便宜

自作聰明的人往往心思縝密，計較的事情非常多，占了便宜就覺得自己聰明，吃了虧就惱怒。這種人看似聰明，其實吃了大虧，他因為占了小便宜而失去別人的信賴。

6. 能力有限，無法勝任

社會有功利的一面，在與他人合作或者幫忙時，能力強的人在別人眼中是可靠的、值得信賴的，想要獲取信任，需要展示出自己的能力和價值，只有不斷提升自身實力，才能獲得他人的信任和支持。

7. 別人的惡劣評價

我們獲取的資訊，有很大一部分來自別人的評價，如果一個人的口碑好，身邊的人都誇獎他，那他一定有過人之處；如果身邊的人都貶低他，那他存在問題的可能性就非常大。所以別人的評判是有一定價值的，我們需要在別人的看法中，找出自己的缺點。

我們對人的評價是在一朝一夕間形成的，你在一次重大

的事情上出現了失誤，也許並不會引起別人的不信任，真正改變他人態度的，是一點一滴的細節，我們可以在一個人的一舉一動中看出他的個性，所以不要以為不在大事上出錯，就能夠萬無一失了。

信任的建立，是誠懇加上細節和時間，就如同《小王子》中的一段對話：

「只有被馴服了的事物，才會被瞭解。」狐狸說。

「那麼應該需要做些什麼呢？」小王子說。

「應當非常耐心。」狐狸回答道，「開始你就這樣坐在草叢中，坐得離我遠一些。我用眼角瞅著你，你什麼也不要說，話語是誤會的根源。但是，每天，你坐得靠我更近些。」

自我告白：吐露內心裡的事

如果你想加快和對方建立親密關係，取得對方的信任，可以試著主動談自己的祕密，當你談起自己的祕密時，表示你沒有把對方當外人，這樣會迅速拉近彼此之間的心理距離，這種現象我們稱之為「自我告白」。

當你率先講出自己的祕密時，其實表現出來的是對對方的信任，而對方往往也會因為你的信任，而向你談起自己

的祕密。

信任能夠讓人更真實地袒露自己，經常和身邊的朋友談談心裡話，表達自己真實的想法，共同吐槽同一件事，也可以宣洩情緒或者吐露困境，這種看似自我暴露的行為，其實能夠讓人與人之間的關係更近一步，因為我們需要彼此瞭解，需要看到你最堅強和最軟弱的一面。

而那些喜歡掩飾自我、不向任何人吐露心聲的人，人們永遠不會走進他的心裡，更談不上信任他，這樣一來，他會更加壓抑自己。你要知道，別人信任的是那個真實的你，當你不斷地表達自我，得到了對方善意的回饋後，你會變得更加自信，更加樂於做真正的自己。

👤 適度麻煩：麻煩出來的好關係

如果想讓一個人喜歡你，就讓他幫你一個忙。

富蘭克林說過，相對於那些被你幫助過的人，那些曾經幫助你的人，更願意再幫你一次。那些曾對你付出過的人，會更加珍惜他的付出，就像是你對一個人愈好，你就愈離不開他，你捨不得的可能不是他本身，而是捨不得自己付出的精力。

當你想要和一個人建立關係時，試著麻煩他一下，在他

幫助你的同時，自己也會感覺到被人需要的自豪感。如果你總是怕麻煩別人，就很難結交到新的朋友，因為好的人脈是互相麻煩出來的。

就像男生追女生時，總是喜歡給她製造一些小麻煩，從而引起她的注意，比如請求女生教自己一些題目，問路順便閒聊一會兒，一來二去中兩個人才能相識，並且建立互相信任的關係，如果什麼都不去做，雙方很難有機會瞭解彼此。

列夫·托爾斯泰在《戰爭與和平》裡寫道：「**我們並不因為別人對我們的好而愛他們，而是因為自己對他們的好而愛他們。**」

人性就是如此，一味地付出很難得到應有的回報，反而因為付出會更加喜歡對方。因此適度地麻煩別人，讓我們有了聯繫的藉口，也鞏固了雙方的關係，在彼此幫助中取得信任。

人際選擇：過濾信任對象

我們之所以會信任一個人，很大的原因就在於三觀相近，如果對方和我們有共同語言，並且在性格行為上也有著相似性，那麼雙方就更容易建立信任關係，這也就是我們常說的物以類聚，人以群分。

作家加繆說過：「我們很少信任比我們好的人，寧可避免與他們來往。相反的，我們常對與我們相似，和我們有著共同弱點的人吐露心聲。」

我認為在與他人建立信任關係時是有選擇性的，如果有人對你不信任，你無法改變對方的想法，不需要委屈自己的本心去迎合他人，畢竟用虛假的偽裝換來的，也只能是虛偽的信任。

我們不能無條件地去信任所有人，如果選擇的信任對象合理，當你面對困境時就有人陪你應對，如果信任了人品糟糕的人，你的祕密可能在第二天就傳遍了朋友圈。

總之，人生遇到可信之人十分可貴，信任讓我們在痛苦和孤獨的時刻有所慰藉，我們始終要成為一個可信之人。

因為信任，你我不孤單。

5

成為一名優秀的普通人

在平凡中不陷入平庸

英國 BBC 耗時 55 年，完成了一部令人震撼的巨作《人生七年》，這是一部系列紀錄片，從 1964 年開始拍攝，記錄了英國不同階層的 14 個 7 歲小孩的人生，每過 7 年拍攝者都會重新訪談拍攝這些孩子，跟蹤他們從少年到壯年再到老年，直至 2019 年，歷經 55 年最後一次拍攝，這群孩子已經是 62 歲的花甲之年。

紀錄片在拍攝之初，拍攝者是打算做一次科學實驗，他提出假設：社會階級固化，使得每個孩子的社會階級預先決定了他們的未來，富人的孩子依舊是富人，窮人的孩子依舊是窮人。

一路跟拍下來也確實如此，富人的孩子從小就受到良好的教育，有開闊的眼界，他們甚至 7 歲就開始看《泰晤士

報》和《觀察家報》了，日後並考取了劍橋、牛津這類知名大學，成為社會精英。

而底層的孩子多數按部就班地生活著，經歷輟學、早婚、多子、失業這些可以預見的命運。除了一名叫尼克的孩子，他雖出身貧困但刻苦學習，在牛津大學畢業之後，成為美國威斯康辛大學的教授。這讓我想起鄭瓊導演的紀錄片《出路》，講述了三個出身不同的少年，從學校步入社會的過程，分別是甘肅大山裡的女孩馬百娟、湖北小鎮青年徐佳和北京女孩袁晗寒。

馬百娟家境貧寒，哥哥 14 歲就輟學外出打工，自己每天放學回來還得做飯、餵豬、幹農活。在這種環境長大的她，心中只有一個願望——考上北京的大學，將來能夠每月賺 1000 元人民幣。

她想藉由讀書來改變命運，正如每一個農村孩子都在心中默念過的知識改變命運。然而她的父親卻認為，女孩子最終是別人家的人，沒有必要花費時間去讀書。沒過多久，她就不再讀書了，16 歲那年被家人安排嫁了人，完成了父母的心願，在自己還沒活明白的時候，就得養育下一代了。

小鎮青年徐佳父母都是農民，他們深知沒有文化將來會有多麼吃虧，於是費盡心思想讓孩子出人頭地，藉由考大學來改變家庭的命運。頂著巨大的家庭壓力，經歷三次大考後

的徐佳，終於考上了一所普通的大學，雖然不是名校，但是對於一名小鎮青年來說，已經是相當不容易了，因此他也成了全家人的驕傲。

大學畢業後，徐佳留在了省會城市找工作，經歷十年努力，終於在這個二線城市買了房子，成為新晉的中產階層，儘管他努力的終點還遠遠不及袁晗寒的起點，但他已經心滿意足了。

北京女孩袁晗寒因為成績不好，中學時從美院附中輟學，輟學後百無聊賴的她，決定做些自己喜歡的事，於是跟家裡要了點錢，在南鑼鼓巷開了一家咖啡館。在她看來，只要餓不死就行了，只是沒過多久，她的小店就關門了。因為對未來感到迷茫，她去周遊了整個歐洲，並且在家人的支持下，考上德國杜塞爾多夫藝術學院，回國後開了一家自己的公司。

這兩部紀錄片殘酷又真實地記錄了這些階層不同的人最終走向的人生道路，但是他們都沒有給出結論。人生還是得掌握在自己手中，我們身邊最多的，就是像徐佳一樣的小鎮青年，透過自己的努力考上大學，畢業後陷入無盡的迷茫之中，家鄉安置不了靈魂，異鄉存放不了肉身。

由於出身不好，憑藉一己之力難以在都市安家落戶，回到家鄉又找不到合適的工作，於是流離於都市中。你又是從

什麼時候開始，意識到自己是個普通人的呢？

據說人會長大三次，第一次是在發現自己不是世界中心的時候；第二次是在發現即使再怎麼努力，有些事依舊是無能為力的時候；第三次是在明明知道那些事無能為力，但還是盡力爭取的時候。

我們都曾自命不凡過，但不管你喝過多少毒「雞湯」，也不得不面對這樣的現實，我們只是一個普通人。沒有優越的家境，沒有過人的天賦，我們有大到超乎想像的機率會平凡一生，看著電影和小說中別人的英雄故事，度過自己的普通生活。但命運的指縫裡總會有漏網之魚，就像尼克經由努力成為大學教授，徐佳經歷了三次大考後成為全村的驕傲，成了新晉中產，所以，即使感到無能為力依舊盡力爭取的時候，至少比現狀會好。

或許當有一天，你發現了自己的平凡之處，不得不承認自己只是一個普通人的時候，不需要過於焦慮，因為這個世界上，絕大多數人都會經歷這個心理落差。承認自己的普通並不懦弱，重要的在於在平淡中尋找自我，在平凡中不陷入平庸，爭取成為一名優秀的普通人，千千萬萬的普通人，同樣可以品嘗生活的千百種滋味。

選擇有時候比努力更重要

陶傑在《殺鵪鶉的少女》中的一段話令我印象深刻：當你老了，回顧一生就會發覺，什麼時候出國讀書、什麼時候決定做第一份職業、什麼時候選定對象談戀愛、什麼時候結婚，其實都是命運的巨變。只是當時站在三岔路口，眼見風雲千檣，你做出選擇的那一天，在日記上相當沉悶和平凡，當時還以為只是生命中普通的一天。

面臨選擇時刻的迷茫，是當下年輕人最大的焦慮，不論是大學選擇科系和就業方向，還是畢業後選擇城市和職業，我們拍拍腦袋就決定的事情，其實構成了自己的人生和命運。

選擇之所以難做，是因為我們漸漸會發現它沒有那麼簡單，如果從一個好的和一個壞的中選，我們都知道要選擇好的，可是生活卻常常給你兩個都是壞的，每一步做出的抉擇都像是忍痛割肉，得到一些就會失去更多。

選擇不同，命運也就千差萬別。曾經有兩個高材生，他們從同一所大學畢業，實力相當都很優秀，一個去了騰訊工作，另一個則選擇了一家當時非常著名的雜誌社。

幾年過去後，結果就顯而易見，騰訊作為網路的龍頭企業，伴隨著網路經濟的發展如日中天，選擇去騰訊工作的那

位，經過努力已經年入百萬。而去雜誌社的那位，隨著雜誌行業的衰退，不僅收入平平，未來也難以有可觀的發展，只能另謀出路。

就像是前幾年房地產行業火熱，也帶動了土木工程、建築設計、景觀設計的發展，成為最熱門的高薪職業。站在風口上，豬都能飛起來。你不得不承認，只會埋頭苦幹，不懂審時度勢的人很難走遠。世界上最悲催的事，就是你在做一個十足勤奮的人，但是你選擇的產業卻在經歷滑坡。你以為自己足夠認真，但個人的力量難敵整個世界的發展趨勢和變革，努力可以提高下限，而選擇卻能夠提高上限。

如果一個人放棄了努力，他可能連選擇的機會都沒有，愈努力，選擇就愈多。高中時候努力學習，大考後才能有名校供你挑選；大學時多參加實習，畢業的時候才能拿到更多的 offer；工作時認真仔細，才能獲得更多的升職機會。努力是這一切的基礎，但是對現在的你來說，選擇有時候比努力更重要。

同樣上一所大學，有的人能夠選擇有前景的科系，有的人選擇了夕陽產業，有的人選擇了去「北上廣」打拚，有的人選擇了回到家鄉，也就開啟了不同的命運。

選擇能夠決定你走多遠。人生漫長，我們不指望每一步都選對，但求自己問心無愧。我們想要的東西有很多，一旦

做出選擇，也就意味著放棄了其他的可能，我們的成長就是一個不斷選擇和不斷失去的過程，但願你的每一個選擇，都是經過深思熟慮，也希望一旦選擇後，就不要再去懷念我們失去的。

成熟是什麼

一個老生常談的問題，成熟是什麼？有人覺得成熟是世故圓滑和能言善道；有人覺得成熟是一種冷漠，是看懂世界之後無所求的冷眼旁觀；有的人覺得成熟是一種包容，能夠對全世界都溫柔以待……

在我看來，成熟是一種能力，是一種高情商，它並不是與生俱來的，而是需要後天在經歷中頓悟。成熟沒有年齡的限制，它可以使人一夜長大，在成為一名優秀的普通人的道路上，走向成熟是不得不經歷的一環，我認為成熟的人應該具備這些能力：

第一，自我情緒管理的能力

一個人的成熟是從控制自己情緒開始的，小孩很難控制自己的情緒，憤怒的時候大聲吼叫，傷心的時候大哭，跟人有了矛盾時，恨不得把對方打個頭破血流。

一個成熟的成年人，會懂得不讓自己的情緒表現得太過明顯，生氣的時候不會滿懷惡意地去說令身邊人傷心的話，懂得給自己療傷、安撫自己。合理控制情緒並不是不輕易憤怒，而是合理的憤怒。

一個不懂生氣的老好人，往往得不到尊重，所以能把握情緒收放自如的人，懂得什麼時候生氣來震懾對方，而又能不認真，不傷害雙方的關係，還能不傷身體。情緒有時候表明的是一種態度，要學會運用情緒，讓社交變得遊刃有餘。

第二，自我剖析和反思的能力

反思是一種高級的能力，人的大腦想要看到自己需要一面鏡子，而對看到的自己加以剖析又需要一面鏡子，所以人的反思是很複雜的。很多人只能用眼睛看到所見之事，其中包括一些高智商的人，他們思維敏銳、語速很快，但不具備反思的能力。

反思是對自己內心的解剖，敢於否定自我，在不斷問自己為什麼這麼做、這麼想的時候，產生新的思考。懂得反思的人絕不是自戀者，他們時刻都在否定自己中獲得成長，他們對自己有新的認識，所以也就更加謙遜。

第三，理解他人和換位思考的能力

所謂情商高，就是能夠讀懂別人並學會換位思考。遲鈍的人看不出別人在想什麼，讀不懂別人想要表達的意思，而一個成熟的人是需要一定情商的。

一個人懂得自己被別人用狠毒的話攻擊，就像刀子捅在心窩一樣痛，自然不會對別人惡語相向。但不是每個人都有這種共情能力，有的人之所以說話難聽、不體諒別人，就是無法換位思考。成熟的人做事時，不會莽撞到不知輕重，他會權衡對方，照顧到每一個人的感受，既不委屈自己，又不冷落別人。

第四，主動承擔責任的能力

每個成年人都有權利選擇自己喜歡的生活方式，面對抉擇也可以選擇自己想要的人生，但是也應該明白要對自己的選擇負責。人生的抉擇需要自己承擔責任，所以不要輕易地做出決定，懂得評估風險，是成熟者必備的一項能力。

選擇什麼科系、上哪一所大學、從事什麼行業、和誰共度餘生、在哪座城市發展、要不要孩子……，這些都是人生的重大決策，別人的意見只是參考，自己最終需要找到適合自己的道路。這些選擇並不容易，因為很多選擇都會在未來

幾年內後悔，花費大量時間去思考和評估尤為重要。

在這方面成熟的人會深入鑽研，遇到問題及時止損，每個人都是第一次活，都沒有辦法用自己的經驗詮釋所有人的人生，每個人只能慢慢探索屬於自己的道路。這些都需要獨自去承擔，一個人一旦有了擔當，就是走向成熟的開始。

當我們具備上面說的這些條件，我們就有了大局意識，做事全面思考，不會意氣用事，這些不是對一個人的過高要求，而是一個優秀普通人的基本特質。

在普通的日子裡感受普通的快樂

讀過那麼多「雞湯」，依舊沒能成功；懂得那麼多道理，卻依舊過不好一生。我不會給你熬一鍋心靈雞湯，告訴你馬雲、雷軍、俞敏洪是怎麼努力奮鬥取得成功的，他們的成功獨一無二，在網路時代格外耀眼。很多成功的人在演講時，告訴你要努力走向成功，殊不知千千萬萬比他們更努力的人，因為沒有獲得成功，所以無法出現在大眾的視野。

絕大多數的人是平凡的，人與人從出生就有著巨大的差距，我們必須面對的一個現實是，有的人哪怕拚盡全力，也只能讓自己成為一個普通人的情況。

你的閱歷、你的驚歎、你悟出來的一些道理，在別人眼

裡可能只是常識；你盡全力考上大學，走出家鄉來到大城市，已經覺得問心無愧了，而有些人一出生就在大城市，衣食無憂。所以我才會說，努力做一個優秀的普通人，不奢求大富大貴，但要有穩定的薪資和不斷向上發展的事業，懂得在苦難的人生中找尋「小確幸」。

富貴險中求，富人敢於冒險，窮人安分守己，這裡面是非常複雜的。窮人之所以求穩是因為輸不起，愛冒險的富人也有傾家蕩產的，但是沒有人關注他們，這是一個機率問題。一個人的成功，好事之人喜歡加以分析，因為他敢於拚搏、積極向上、思維敏銳，其實僅僅可能是因為命好。

也許我們註定是平凡的，接受自己的平凡沒有什麼不好，至少我們可以在平凡人中更優秀。苦心人，天不負，只要人肯吃苦，是一定能過得比現在更好，至於能好到哪種程度，就只能盡人事、聽天命了。

每個人都有資格過好這一生，即使是有錢人，也自有其煩惱之處，生活的苦難告訴我們一個道理：無論身處何種境地，都要有向上進取的動力，唯有用積極之陽光才能驅逐人間的陰霾。

比如經營好自己的事業，哪怕賺得不多，但也得持續努力；一家人賺錢買一間房子，房子可以不大，但裝飾得要溫馨；培養幾個小愛好，增添生活的情趣；閒暇之際，約三五

好友吃飯聊天；偶爾帶家人出去旅行，看看外面的世界。這是所有人都能追求的東西，也是幸福之本。

在平凡的人生中享受平凡的戰果，在普通的日子裡感受普通的快樂，這樣就足以過好這一生了。

6

文案變現：新媒體時代下的必備技能

在這個主業吃飯、副業賺錢的時代，似乎每一個人都想利用網路做一份副業，無論是新媒體運營還是影片創作，以及各行各業中需要文字宣傳的工作，都離不開寫文案的能力。一篇好的文案可以從標題就引人入目，內容更是可以戳中人的內心，這個時代有許許多多的人透過文案變現，建立了個人品牌，成為網紅、知名部落客等公眾人物，同時實現了財務自由。

如果你對文案創作有過瞭解，或者看過很多的寫作課程，就會知道現在市面上出現了一群「文案寫作培訓師」，但是聽完他們的寫作課後，你的水準增長了多少呢？

寫作課裡告訴你要選好痛點話題、標題吸引人，告訴你多積累素材、多讀書提高文筆水準，但是大多數都是泛泛而談，沒有即學即用的寫作技巧。畢竟文案創作不是文學創作，它門檻沒有那麼高，完全可以透過一些實用技巧來掌握。

提高文筆水準的實用寶典

1. 說人話，講有邏輯的話

有的人提起筆就開始裝文青，彷彿句子裡不加個曾、若、何必等古文用詞，就不叫有文采，喜歡用華麗的辭藻去修飾文章，結果有的句子去掉這些辭藻，就變成了一句毫無邏輯的句子。

多年前，我看郭敬明在《幻城》裡寫著：「風吹起如花般破碎的流年，而你的笑容搖晃搖晃，成為我命途中最美的點綴。」是不是美感十足，當年我一度對這種所謂的文采所迷戀。

直到我讀到：

「一個人只擁有此生此世是不夠的，他還應該擁有詩意的世界。」——王小波

「我會不愛你嗎？不愛你？不會。愛你就像愛生命。算了。不胡扯。我愛你愛得要命，真的。」——王小波

「如果你給我的，和你給別人的是一樣的，那我就不要了。」——三毛

「對待生命你不妨大膽一點，因為我們始終要失去它。」——尼采

這樣的句子能讓你看到寫作者的邏輯所在，一看就能看得出語句中的前因後果。有哲理的話，用我們平時的說話口吻就能寫出來，而不是刻意地用修辭來掩蓋句子的空虛。

這需要如何練習呢？首先要有邏輯，先用最樸素的語言描述出你表達的想法，然後不斷對語句進行加工，例如：

一個人不能光活著就好了，還得享受有趣，有詩意的生活才行。

→一個人擁有此生還不夠，還要擁有詩意的有趣的生活方式。

→一個人只擁有此生此世是不夠的，他還應該擁有詩意的世界。

先用最樸素的語言，描述出你表達的想法：

人的生命只有一次，所以人要大膽一些去做喜歡的事。

→人終究要失去生命，所以我們要大膽地生活。

→對待生命你不妨大膽一點，因為我們始終要失去它。

你再看後兩句，有多少華麗的辭藻呢？你能看到的只是發自肺腑的真誠，你不必給文字穿上過多奢侈的衣服，好的內容是即使你把它的衣服扒了，留下的依舊是迷人的裸體。

你再看下面的兩句，它們表露出的真誠，才是最打動人心的。這來源於對生活的觀察和留意，你需要準備一個本子，去記錄那一瞬間的想法和靈感，可能就是一句短句，這

將會成為你個人的語錄。

文章中需要這樣的句子作為點睛之筆，也就是金句，但不要整篇文章都追求句句精闢，這樣就沒有了節奏韻律。

2. 關於詞彙和修辭

文章不能滿篇花俏的修飾詞，但沒有修飾的文章會變得平鋪直敘，這就像簡單和簡約的關係，好文章是簡約而不簡單。

我們要掌握高級詞彙，如果你發現你的文章中大量出現美好、快樂、痛苦、挫折、努力、悲傷、不舒服、不好用……等常用詞，就會顯得你的詞彙量匱乏。

比如說「樹」，如果你不曉得榆樹、法桐、冷杉、合歡、木棉、白楊……，你寫的只能是「大樹」；如果你不知道描寫悲傷可以用悲愴、悲慟、苦澀、哀痛、酸楚、枯槁、黯然銷魂、悲不自勝、剖肝泣血……，那你只能用傷心、不舒服；如果你描寫紅色不會用嫣紅、緋紅、猩紅、血紅、殘紅……，那你只能用「啊！好紅好紅」。

形容漂亮我們還可以用動人、迷人、可人、清麗、秀麗、俊美、秀美、傾城……；形容努力我們可以用勉力、發奮、致力、勤勉、悉力、勤懇、勠力、辛勤、勤奮、竭力、發憤……，詞彙豐富，文章才不會枯燥無味，用好了詞彙，

你才能寫出動人的句子，不信你看：

「她那時不懂，那是他眼角眉梢的秋意。」──張愛玲

所以，你需要積累詞彙量，用筆記收集你讀到的好詞，並且記在腦子裡，下一次寫文章時要提取出來用。

在描寫場景或者物品的時候要盡量具體，才能給人真實感和代入感，而不要想著偷懶只是大體概括。比如：

桌子上擺放著的不是一杯飲料，而是一杯加冰的薄荷檸檬茶。

遠處跑來的不是一條狗，而是一條卷毛的可卡犬。

男朋友送你的不是一束花，而是一束藍色妖姬玫瑰花。

你喜歡的不是那個好看的女孩子，而是那個含苞欲放的清純少女。

懶洋洋趴著的不是一隻貓，而是一隻西伯利亞森林貓。

那個帥哥穿著的不是一件外套，而是一件灰黑色的毛呢大衣。

具體地描繪出場景，才能使得這件事發生得真實可信，如同身臨其境，感同身受。讀者可以根據你的描寫看到、聞到、觸摸到你的文字。

透過閱讀提升文筆

我身邊有很多喜歡讀書的人，每年消化幾十本書，其中有一位朋友讀書很厲害，枯燥的、有趣的都能讀進去，但是如果你要他寫個 300 字的文章，他不會寫。有的看奇幻小說，有的看了幾十部小說你要他寫寫看，他說他不會寫，很多時候，讀書提高的是我們的閱讀能力，而非寫作能力。

書看過了大多數都會忘記，那我們看書幹什麼？忘了的是具體的內容，記得的是一句話、兩句話就能概括的理念，潛移默化地影響我們的三觀。

僅僅這樣還不夠，如果你不只想成為一位閱讀高手或書評家，書讀得多的人不一定會寫文章，但是會寫文章的人懂得精讀書，你需要刻意地去讀書，刻意地記錄書中的詞彙、句子、理念、結構，不能走馬觀花，要反覆複習。

找到你的文學偶像，比如你喜歡王小波和劉墉，拿他們的書來反覆閱讀，分析他們的故事結構，分析他們選擇的話題，哪些可以為你所用，這一點我在後面會詳細講解。

所以一目十行看完一本書，對於寫作是遠遠不夠的，比如一本小說，從細處講，我們去分析書中人物的性格，如何透過動作心理描寫來刻畫人物、如何透過環境來營造氣氛、怎麼樣推動故事情節發展、故事的戲劇性怎麼呈現……，在

宏觀上，這本書肯定有一個主旨，小說分為幾部分，高潮在哪裡，這些都需要你去琢磨，畫個大綱，慢慢品味。

讓讀者對你的文案感同身受

葉聖陶在《文心》裡說：

讀書貴有新得，作文貴有新味，最重要的是觸發的功夫。所謂觸發，就是由一件事感悟到其他的事。你讀書時對於書中某一句話，覺得與平日所讀過的書中某處有關係，是觸發；覺得與自己的生活有交涉，得到一種印證，是觸發；覺得可以作為將來某種理論說明的例子，是觸發。這是就讀書說的。對於目前你所經驗的事物，發現旁的意思，這也是觸發。這種觸發就是作文的好材料。

觸發我們可以理解為搔到讀者的癢處，讓他感到興奮，產生情緒上的共鳴。

想要讓你的讀者感同身受，必須打動他的內心，讓他認同你的觀點，你不能只是寫著自己高興而已，而不管讀者的心理活動。就像聊天一樣，得顧及對方的感受，如果聊的話題人家不感興趣，那還聊個什麼勁？

一個話題可以展開很多的文章，這就需要你去思考、去收集資料，首先讓自己成為一個正能量、三觀正的人，如果你自己的思想都很狹隘的話，是不可能寫出理性的文章的。選擇完要寫的話題，接著你需要想題目和內容了，內容如何寫得有深度呢？我們接著看下去。

如何用大腦幫思維深度加工

先別急著下筆，不如獨處一下，去找一條安靜的小路，一個人去思考問題，你需要好好地思考你的文章觀點，絕不可以人云亦云，人人都知道的觀點，就先摒棄掉吧！

文章結構的思維鍛鍊

一篇文章要有結構性，結構是文章的骨架，先有骨架再去填血肉，不能想到哪兒寫到哪兒，在你寫一篇文章前，先思考以下幾個問題：

1. 這篇文章表達的核心思想是什麼（先把核心思想用30到50個字羅列下來）？
2. 你表達的思想能夠給讀者帶來什麼意義？
3. 你這篇文章的亮點是什麼？哪方面與眾不同？

4. 文章能夠讓哪部分讀者產生共鳴？

5. 如何表達得自然，通俗易懂？

如果你思考了這些問題，並且能夠給自己一個滿意的答案，那麼你的文章脈絡就有了。

先說後寫會更容易，我們去表達一個觀點，可以說張口就來，但是寫的時候卻差強人意，不如先自言自語地說出來，然後再打在電腦上，對你口語化的表達進行一點修改即可。

不要東一句西一句亂七八糟的，要學會捕捉靈感，先記錄然後再反覆地刪改，好文章是改出來的，不要覺得自己寫得不好，也不要寫完就接著寫下一篇，慢慢改吧，改到好為止才能進步。

在閱讀別人好文章的同時，學會記錄他的寫作結構，羅列出文章的框架，記錄在筆記本上，然後再去研究他是怎麼幫他的文章結構填補血肉的，用了哪些技巧，接著你就可以模仿著用在自己文章上了。

這一點需要積累一段時間，不要被好詞好句、華麗辭藻、動人故事的表相迷惑，你的文章不再是想到哪兒寫到哪兒，而是由緊密的邏輯結構組成，此時再去添加那些表相，則會讓你的文章錦上添花。

好的句子、好的故事完全可以去積累，而好的邏輯結

構卻難以鍛鍊，所以要找重點去突破，你的文章就有了質的改變。

寫作過程中遇到的問題

1. 不知道選擇什麼話題去寫

當腦子一片空白的時候，寫不出來也不要硬逼著自己去寫，但也不能隨它而去，可以選擇一個安靜的空間，泡一杯茶或者咖啡，閱讀一些雜誌，當你讀到別人觀點的時候，無論認同與否，是不是有一肚子話要說？

這個時候就要把心裡想的記錄下來，或者思考身邊發生的事、網上看到的事，它們有的讓你感歎，有的令你憤慨，想著想著你就有了思路。

總結一句話：80%的時間去想，20%的時間去寫。

2. 寫的語言不通順

這不是大問題，不要默讀，發出一點聲音讀你的文章，你就能讀出哪裡不對勁了。

3. 想說的太多，寫得繁雜

最好是切題要快，刪除與主題關係不大的內容，這個時候會有思緒上的掙扎，因為你會捨棄一些原本你覺得不錯的東西，對表達同一個意思的段落進行整合，不要有過多的重複。

4. 不知道去哪兒尋找素材

網路上面的素材太多了，關注一下新聞、部落格、別人文章裡的故事……等，多去看哪怕囫圇吞棗有個印象，用到的時候再把它翻出來用，用自己的風格把它表述出來。

優勢定位，成為文案高手

説實話，每一個人的長處都不一樣，真的不是每個人都適合寫故事，有的人看了很多攻略、看了很多的書，依舊不會寫，可別怪攻略寫得不好，這跟人的思維方式有關係。

之前有人請我教他寫作，我就差拿著他的手一筆一畫地寫了，還是不行，這跟人的天賦、思維方式、個人經歷有關，這不是對他的否定，而是他沒有認清自己擅長什麼。

教你一個有效的方法，你去看那些粉絲量多的「大 V」

（網友將這種經過個人認證，並擁有眾多粉絲的微博用戶稱為「大 V」），有美妝達人、健身達人、攝影達人、旅行達人、美食達人、時間管理達人，甚至小眾的漢服、球鞋、手帳、水彩等達人，都能夠成為大 V。

你可以另闢蹊徑，選擇你最喜歡的愛好，把它研究透徹。我有一個朋友喜歡多肉植物，於是對多肉植物進行了鑽研，自己一開始養了幾百株多肉，慢慢地有了經驗，他用文案和圖片的形式，將自己的經驗分享出去，獲得了幾十萬粉絲，最後還將多肉養植的經歷寫成了書，成為多肉植物圈的達人。

所以，想要透過文案變現的路不只一條，重要的是找到自己的愛好和定位，經過刻苦鑽研，才能破繭重生。

最為核心的寫作祕訣

最核心的文案寫作祕訣，即**審視**、**反思**和**修改**你的文章。當你把文章寫得差不多了，就得反覆地修改，就像是攝影作品做後製，三分拍七分改。

如果你學過繪畫就知道，當你畫完整幅畫你一開始會感覺畫得不錯，你會自我陶醉於你畫的某一個點，比如這棵樹畫得神來之筆，或是這座山畫得很有意境。等你走遠一點再

看，把畫板拿遠，就能發現毛病：那棵樹太過突兀、那座山畫小了，離得遠你就看到了畫的整體。

文章也是，你得以旁觀者的眼光去看，去審視反思你的文章。反思是人類最偉大的技能，自己對自己質問，自己對自己的思考再思考。

如何審視呢？

1. 把你的文章讀出來試試，每一句話都讀出聲，這樣你就不會跳過無聊的部分，直奔你心心念念那段讓你沉迷的句子了。唯有讀出來才能發現哪句話不通順，哪個觀點有問題。

2. 拿幾篇和你的文章類似的好文章做對比，你寫的有沒有更好，你的優勢在哪裡，如果寫的還不夠好，那就要思考原因，並且模仿借鑑值得參考的地方。

3. 給你的讀者和朋友評價，如果你的朋友看了你的文章後，有一種想要把它分享給別人或者轉發朋友圈的衝動，那你的文章就已經很不錯了；如果你的朋友對你說：「哈哈！還不錯，哈哈。」那你就需要再去修改了，要怎麼改？回到第二點，拿一篇好的文章做對比，做加法，比方增加案例、增加好句子、增加個人表達和抒情；做減法，像是刪掉可有可無的句子、刪掉重複表達一個意思的句子，該簡

略的段落用兩句話概括。

我以前認識一個學弟很認真寫作，最努力的時候甚至每日更新。他堅持了一年多，然而你拿他一年前寫的文章和現在的進行對比，會感覺基本差不多，完全是換湯不換藥。

我經常看到某某文下面寫著：某某訓練營日更第 N 篇，能堅持日更很有毅力！

很多人想知道提高寫作水準的方法，有人可能會說堅持寫、多讀書，但是有的人即使寫了 100 篇，只是把自己的那點東西重複了 100 遍，成為低品質的勤奮者。

寫完一篇文章想著終於要寫下一篇了，堅持日更真努力，最後還不是達不到預期效果？有人來找我說自己堅持了那麼久好累啊，可是都沒人看。我說你別寫了，拿出以前的一篇文章來改吧！拿著好文章依樣畫葫蘆、反覆修改，實在不行就整體修改，直到滿意了，再開始下一篇，因此重點不在日更不日更。

你得給自己定位，想寫受歡迎的但是寫了沒人看，還是你哪裡出了問題，試著去解決問題，去反思自己，而不是想著再更一篇，這一點尤為重要。

想成為文案達人需要天賦、經歷加汗水，想要透過寫作獲得經濟回報，那麼經過合理的訓練手段加上不懈努力，就能夠做到了。

　　悉德在《電影劇本寫作基礎》中講過一句話：「你知道得愈多，你能表達得就愈多。如果你只懂一點點，那麼你能寫出來的也就只有一點點。」

　　相信皇天不負苦心人，在這個時代洪流中，你一定能找到自己的定位，成為一名文案高手。

7

有哪些相見恨晚的生活道理？

對象不是追來的，而是吸引來的

掌握大量的花俏技巧、學習話術、送禮物、傳訊息……在過往的認知裡，對象就是這麼追來的，但這種老式方法，很難再追到心儀的對象了。

不要去追一匹馬，而是要將追馬的精力用來種草，這樣你就能吸引來一群馬供你挑選。

拚命去追可能很難追到，而吸引才是最有效的方式，對象是要靠自己的人格魅力吸引來的，與其花大量心血去討好對方，不如不斷提升自己的外表、性格、情商、學識，這樣才能夠在交友市場上占據優勢。如果自身條件不夠出眾，一味追求只能適得其反。

盲目地合群，其實是在浪費時間

不論是學生時代還是步入職場，令人頭痛的一個問題就是同學關係和同事關係，不論走到哪裡，盲目的合群都會讓自己煩惱，知道尼采的人一定聽過：「雄鷹絕不結隊飛翔，這種事應當讓燕雀去做……飛高遠翥，張牙舞爪，才是偉大天才的本分。」我們也有句老話──燕雀安知鴻鵠之志，嘰嘰喳喳的燕雀總是成群結隊的，孤傲的雄鷹才能夠展翅高飛。

給自己留出時間進行深層思考，喜歡獨處的人精神世界往往更豐富，在最為輕鬆自由的狀態下，思己所思，做己想做。只有獨處時，人才會和自己有更深的溝通，產生更深層次的思考。

別怕別人會疏遠你，堅持自己的事，不要去為了合群而浪費時間，等你做出成績來，每個人都會對你另眼相看。

叫醒你的不應該是夢想，而是昨天早睡

有一句話這樣說：「如果你能每天堅持早起，你就已經超過了 80% 的人。」

自律的人往往習慣早睡早起，養成好的作息習慣，這樣

第二天會很有精神，工作效率也會相應提高。那些每天熬夜加班學習的人，看起來學的時間很久，但是不如早睡早起效率高，每天早上起來曬曬太陽，晨光和濕潤的空氣，可以給人帶來一整天的清爽。

如果你每天熬夜，並且第二天起床已經到了大中午，你就會覺得一天過得渾渾噩噩，沒過多久太陽就要下山了。一天之計在於晨，想要早起最好的辦法就是早睡，早睡是自律的一天的開始。

思考你想要成為一個什麼樣的人

蘇格拉底的一句名言警醒世人：「認識你自己。」

認識你自己的人生觀、價值觀、世界觀，先天能力、夢想追求、生活方式，認識自己首先要向內看，知道自己是個什麼樣的人，根據自己的個性去規劃人生。其次還得向外看，認識周邊的環境和處境，研究社會背景和時代趨勢，把握好機遇和方向，有些時候選擇大於努力，周邊環境會限制一個人的眼界和思維，家庭背景也影響了未來可以成長的高度。

在認識自己的情況下，思考自己是誰、想要成為什麼樣的人，有目標和計畫是突破自我的第一步，挖掘自己的興趣

和特長，多花時間去思考自己的生涯，不要盡信他人的意見，找到適合自己的道路更重要。

不要做低價值回報的兼職

現在流行一句話：「主業吃飯，副業賺錢。」

很多人將副業做得風生水起，甚至收入已經超過了主業。但是我的建議是，如果你的副業給你帶來的價值和成長不高，僅僅只是兼職多賺一份收入，如果不是家庭困難，那麼不建議你去做這類兼職。

每一種行業做到行業前 10％都非常賺錢，想要達到這一點，需要用心專研，把這一行業的技巧和人脈吃透，成為一行的專家。這需要你比一般人付出更多的精力來研究思考，如果你將大量時間花在兼職上，就很難在本行業做到頂尖。

因此在選擇副業時，一定要評估價值回報，這裡說的回報不僅僅是金錢，還有是否能夠給自己帶來能力上的提升和長效收益，如果你的副業有利於主業，或者能夠具有超過主業的回報，那麼你的這份勞動就是有價值的。

樹立良好的理財觀念

　　消費主義盛行的時代,月光族、月欠族已經是年輕人的常態,如果你去深入瞭解,各行各業都在想盡辦法掏走消費者口袋裡的錢,商家們紛紛動腦筋給產品加上精美的包裝,賦予其文化價值,讓消費變成一種生活方式。

　　學會理財首先應該學會節儉,把錢花到有價值的地方,在購買一件商品時,需要思考自己是否需要它,分清自己購入的是資產還是負債。將自己的存款進行理財,別把雞蛋放在同一個籃子裡。有句話說:「你不理財,財不理你。」理財思維是一種金錢合理配置的思維方式,開源節流才能得到財富的青睞。

與不同職業、不同層次的人交流

　　這件事愈早愈好,關係到一個人的眼界和命運。

　　假如高中的時候能夠跟學長、學姐交流,對未來有所規劃,也許你會選擇更適合你的學校和科系。假如大學的時候能夠與社會人士交流,盡早實習練習技能,也許你會找到一份更加合適的工作。

　　盡早和不同層次的人交流,能夠獲得對待問題不同的視

角和觀點，如果長時間局限於自己身處的圈子，思想會被周圍的人同化。尋找更高層次的人深入交流一次，對待自己的人生就會有更成熟的看法。聽君一席話，勝讀十年書，千萬不可故步自封，不管你的年齡多大，虛心求教都能讓自己獲得啟發。

與陌生人打交道，要大方得體、以禮相待；與前輩交流，要謙虛尊敬，樂於學習；與同好交流，要敞開心扉、袒露自我。無論與什麼樣的人相處，都做到從容自若，帶著謙遜平和的心態，從中找尋生活的真諦。

和不同人交流，可以鍛鍊你的人際交往能力和表達能力，開闊視野、增長見識，不斷接觸不同的人，才能找到自己與外界的差距。在這個過程中，也能結交到優質的人脈，在交往過程中領悟到百態人生。

🧑 遠離天上掉餡餅的事

我身邊的一個例子：小倆口本來在家做點小生意，生意還算不錯，沒幾年就賺了幾十萬元，後來聽人說他們把店關了，跑去廣州做大生意。大家都覺得這小倆口有魄力，敢闖敢拚，有經商頭腦。

再聽到他們的消息已經是一年後了，小倆口回到家鬱鬱

寡歡，妻子得了憂鬱症，有幾次都想自殺被攔了下來。原來他們去廣州不是做什麼大生意，而是被捲入了傳銷組織，自己辛苦賺的幾十萬元全部化為烏有不說，還欠了一屁股債。

這類例子在我身邊不在少數，他們都有一個共同特點，就是想要空手套白狼，不切實際地相信天上掉餡餅的騙局，想要用低成本換取高收益，貪得無厭往往適得其反，最後都賠得一乾二淨。

那些所謂賺錢寶典、理財祕笈、獲獎邀請、在家賺錢……等，大多都是設計好的騙局，你只需知道，天上掉下來的餡餅一定沒有好東西，腳踏實地，歸於現實，才是發達致富的根本。

所謂情商高，就是好好說話

如果從傳播學角度來講，好的口才能夠將你心裡想的意思精準地傳達給對方，並且通過情商的加持，動之以情，曉之以理，進而使對方認可自己的想法，大大提高了溝通效率。

不得不承認，無論在職場還是生活，口才好的人人緣往往不錯，結交甚廣。工作提高到了一定職位，最重要的就是與人交往，在現實生活中，口才好的人更容易晉升管理層，

比只會埋頭苦幹的人更有晉升空間。

好好說話，不一定是雄辯家，更不是逢迎拍馬，那些討好人的語言技巧和花樣，只能算是口齒伶俐，而不是清晰、得體、巧妙、生動、有效地表達訴求或者想法。語言是一門藝術，如同寫作一般，它需要抑揚頓挫、委婉婉轉、生動形象、突出重點、插敘伏筆……

一副好口才不是滔滔不絕、據理力爭，雖然這樣能夠充分表現自己，但是並不會獲得他人好感。鋒芒畢露非常容易樹敵，交談時要考慮對方的心理感受，學會圓場、捧哏、緩和氛圍、突出對方優勢，恰當表達自己的觀點，幽默又帶有分寸感，談笑風生中寥寥數語，就能讓人心生暖意。

朋友愈來愈少，人心愈來愈難交

隨著年齡增長，朋友們漸漸疏遠了，那些說好了做一輩子好朋友的朋友，也許都不再聯繫了，而成年後，卻發現新結交的朋友愈來愈難交心。

年紀小時，交朋友目的單純，成年後在複雜的環境裡遇到的人，大多都帶有一定的利益關係，相對於起同學時期的感情，少了一份真摯。如果你還有幾個老朋友留下來，一定要珍惜，時間就像是一個大漏斗，能夠禁得起時間沖刷篩選

過的，一定是真誠的。

　　成年後的社交，一方面是需求陪伴，一方面是需求人脈，知心朋友在精不在多，一生可以遇到一、兩個把酒言歡的知己，就已經來之不易，而人脈在社交中一樣也很重要，儘管人心愈來愈難交，但是你只要付出真心，就能換來對方心門的鑰匙。

遇事以誠相待，會成為你的口碑和名片

　　更多的時候，真誠行勝於言，古人云：「路遙知馬力，日久見人心。」當一個人付出真心時，對方完全能夠感知到，人際交往並沒有我們想像中複雜，合則聚，不合則散，帶有目的性的討好，或者為了合群而交往的關係，往往禁不起考驗，與真誠待人相對的是虛偽待人，處事圓滑、心口不一的人，並不是高情商，相處久了就會暴露出本性。

　　與朋友交往需要懂禮，拜託別人做事一定要給予回報；別人帶禮物給你，要懂得禮尚往來；朋友麻煩自己辦事，要盡力而為；自己的事情盡量自己解決，向朋友借錢應當及時歸還。你的每一份真誠，別人都能體會得到，在口口相傳中，給自己在別人心中樹立了誠實的印象。

人生只有 29200 天，不妨大膽一點

　　童年、青少年、青年、中年、老年，人生就是從成長到成熟的過程，回過頭看上一個年齡階段如白駒過隙。如果有幸可以活到 80 歲，那麼你的人生只有 29200 天，960 個月，其中青壯年時期不過短短二、三十年，想到這裡你是否覺得人生短暫，充滿了遺憾？

　　在短短的幾十年裡，你不妨大膽一點，把取悅別人的時間拿來取悅自己，盡最大的努力實現一次自我蛻變，找到自己內心深處最熱愛的事去嘗試一番，人生苦短，最重要的就是為自己痛快的活一次，盡力了哪怕沒能實現目標，為自己人生拚搏的過程，一樣充滿了意義。

別戴著有色眼鏡看人

　　有一個識人的好方法，就是看一個人對待他人的態度，你的態度透露了你的人品和格局。就好比社會中無處不在的歧視現象，人們歧視的對象，無外乎是窮人、殘疾人、病人、黑人……，儘管他們都是社會中的一分子，也在為社會做貢獻，但卻因為身分遭受到了不公平待遇。所謂歧視，就是不分青紅皂白的偏見，將群體簡單地標籤化，無論這個

人的人品性格如何，只要貼上了這個標籤，就會受到侮辱或者輕視。

而這種習慣戴著有色眼鏡看人的人，內心往往充滿了無知和狹隘，遇到自己無法認同的人和事，採取的方式只有攻擊或者對立，從不會抱有一顆包容的心，尊重他人、理解他人。當你在歧視別人時，就已經暴露了自己的修養和境界，無法做到以一顆同理之心待人，又怎麼能夠贏得他人的尊重愛戴呢？

把錢花在有價值的地方

我們都知道錢來之不易，一邊是消費主義盛行，購物成了時尚的潮流，一邊是宣揚勤儉節約是中華美德。當代人的消費觀充滿了矛盾，一種是大手大腳消費後帶來愉悦的體驗，一種是口袋空空月月借貸後的自責。

不要陷入消費主義的騙局中，也不要過度節儉，要把錢花在有價值的地方上，用到刀口上。最重要的是投資自己，外在上，比起價格便宜、品質較差的服裝，不如買幾件有質感的品牌服裝，從外在提升自己的品味，學會打理自己，給別人留下好的印象。

內在上，要提升自身修養和見識，多出去走走開闊視

野，多讀好書提高眼界，多學習技能掌握一項生存的絕活。在這些方面要敢於花錢，提升自己就是投資未來，經過不斷的複利，幾年後的回報，會給你一個驚喜。

其次是要把錢花在最常用、最樸素的地方，比如一套精美的餐具，餐具是我們每天必用的工具，一套好的餐具不僅美觀，而且可以展現自己的品味。而餐具一般可以用很多年，一次投資的受用時間非常久，對於這類最常用到並且投資回報率高的物品，不妨可以花多一點錢，在消費時注意評價，你就可以省下一大筆錢。

PART 5

彼此需要，
讓我們走得更近

1

付出愈多，離愛愈遠

在面對情感時，有人總是想要付出更多，以為只有不斷付出才會有回報。比如有的人喜歡委曲求全，在愛情中漸漸失去自我，在不斷付出的過程中，自己把自己感動得淚流滿面，對方卻絲毫不為所動。一段感情的結束，往往也是付出更多的那一方受到較大的傷害，自己痛徹心扉之際，卻發現對方波瀾不驚。

所有「我為了你可以……」開頭的言語，最終都成了「可憐之人必有可恨之處」的笑話。付出那麼多，為何對方還不懂得珍惜？人為何會總是如此？這就不得不說心理學中的「富蘭克林效應」和「凡勃倫效應」。

前面我們已經反覆強調了富蘭克林效應的原理：想要與一個人建立好的關係，可以先麻煩他一下，讓他為你付出，比你為他付出更能獲取對方的好感。

聖修伯里的《小王子》中，有一段描寫詮釋了這一點：

小王子起初在一座孤獨的星球上生活，這個星球上出現

了一朵玫瑰花，小王子看到了玫瑰花非常興奮，因為他從來都沒有見過這麼漂亮神奇的生物，於是每天幫這朵玫瑰花澆水，悉心照料。

那時他覺得這是宇宙中最美的花，直到有一天他來到了地球，在一座花園裡，他發現僅僅只是在這座花園，就有 5000 朵玫瑰花爭奇鬥豔。原來自己心愛的那朵玫瑰花，不過是千千萬萬玫瑰花中的一朵，一點也沒有什麼稀奇之處，小王子想到這兒，不由得傷心起來。

但是儘管小王子知道了自己玫瑰花的普通，還是心心念念放不下它。直到有一天，小王子遇到了狐狸，狐狸對他說：「正因為你對你的玫瑰花花費了時間和心血，才使得你的玫瑰花變得美麗。」

這時小王子才明白，因為自己每天幫它澆水、陪它說話、用心照料它，玫瑰花就只屬於他一個人，對他而言，是這個宇宙裡最獨一無二的玫瑰花，因為付出，所以不捨。

當一個人對另一個人付出愈多，自己就會愈喜歡對方，慢慢變得愈陷愈深，但你的付出可能只是一廂情願，不如想辦法讓他也對你付出，這樣你們就可以快速建立一段親密關係。

想要理解為何過度付出會離愛愈遠，需要進一步探討，我們再來看「凡勃倫效應」。凡勃倫效應原本是一種經濟學

概念，由美國經濟學家凡勃倫提出，指的是消費者對一件商品的需求，會因定價愈高而增加，也就是一些商品的定價愈高愈能暢銷的原因之一。

比如同樣的一雙皮鞋，放在普通店裡賣 200 元，進入百貨公司後賣 1000 元，卻依然有著不錯的銷量，因為人們在滿足物質需求的同時，更需要滿足心理需求，價格昂貴的商品，總是給人品質優質的感覺，花費高成本買來的商品，比廉價商品更能滿足內心的炫耀感和自我標榜。

如果我們用凡勃倫效應來看待親密關係，一個人如果三言兩語就能追到手，或者總是不計成本地付出，帶給他人的感覺是容易得到的、身分卑微的、身段低下的，在人們的認知中，輕易得到的就是廉價的，難以獲得的才是珍貴的，當你不計成本地對別人付出時，你的付出就會顯得廉價。

人們在欲求不滿時，會產生征服欲、占有欲，這種原始的欲望十分強烈，它會引導人不斷挑戰，去追求征服難以獲得的東西，並從中獲得新鮮感和滿足感。

「物以稀為貴」，偶爾的付出會給人驚喜，當你的付出太過氾濫，就會變得一文不值。愛情不是靠付出得來的，而是靠吸引得來的。

我跟很多人講過吸引力法則，愛情最美妙的曖昧期在於若即若離，引發情感的高峰在於欲拒還迎。一開始付出，對

方會覺得感激和滿足，但是源源不斷地付出，卻會讓對方對這段感情感到麻木，你的付出就成了理所當然，毫不起眼。

好比新買的一雙鞋，剛開始穿時，只要沾上一點灰都要蹲下來擦乾淨，穿久之後即使被人踩一腳可能也很少低頭。人對感情也是如此，一開始憐惜你辛苦操勞，到後來即使你痛哭流涕，他也不會感到心疼了。

感情應當是建立在平等之上的，互相付出並且愛自己，一方的過度付出，會導致另一方習慣索取。別把對方看得太完美，也別把自己放得太卑微，也許在你捨己為人持續輸出自己的愛時，另一半卻在規劃如何逃跑。

在一段關係中保持自我和獨立，並給感情呼吸的空間。

2

儀式感拯救無趣生活

儀式感就是使某一天與其他日子不同

《小王子》裡説：「儀式感就是使某一天與其他日子不同，使某一個時刻與其他時刻不同。」

人類自古注重儀式感，從祭祀、葬禮、婚禮到慶祝節日、生日……，透過各種繁雜精細的形式，來體現對事物的重視。比如祭天向龍王求雨，群體約定俗成一種儀式，經由磕頭、上禮、上香等莊重的形式，來滿足內心的期待。儀式感賦予平凡意義，是構建人類精神家園不可或缺的一部分。

莊重的儀式，需要用重複的過程來展現。例如你在早上起來吃一個沙拉三明治，這件事明明是平淡無奇，但是如果你每天都會在七點起床，並且在七點半吃同一種沙拉三明治，那就顯得格外具有儀式感。

叔本華每天遛狗路過轉角處的一家商店時，時間正好是

下午四點，並且風雨無阻，這是屬於他的儀式感。村上春樹每天早上起來寫 4000 字不再多寫，然後慢跑十公里，也是風雨無阻。

我的一位朋友，每天早上都會花一個多小時做各式各樣的早餐，水果沙拉、雞蛋捲、三明治、烏龍麵……，再配上一杯咖啡，美美地開啟新的一天。

簡單來說，儀式感就是花心思將平淡日常變得莊重有趣的過程。

我之前是一個粗人，從不在意保養什麼的，有一次在一位朋友的帶領下，開始學習護膚知識，從原來只會用一瓶乳液擦臉，到現在買了洗面乳、爽膚水、精華液、乳液、防曬霜、面膜……，每天早晚洗完臉都要按照順序開始使用，儘管我不知道這其中的某些產品在我臉上到底有沒有效果，但是每天重複並且嚴格按照順序塗抹的時刻，帶給我一種儀式感，讓我的內心感到充實。

儀式感滿足的是我們的精神需要，給疲憊生活帶來了一絲愜意。

享受儀式感帶來的滿足

現代意義上的儀式感，不再像是過往那般的繁文縟節，它可以滲入生活的點點滴滴。

享受生活應該是從找尋儀式感開始的，你要做個背包客到處旅行，準備一個好的背包、水壺、衣服、登山靴、防曬衣……，這個過程你就能享受到儀式感帶來的滿足。

當你想要學習時，先將書桌整理乾淨，泡個熱水澡，接著點上一支香薰，泡上一杯咖啡，削好一盤水果放在桌子上，在空調的微風下，在舒適的椅背包裹你的背頸部時，你的學習也會變得高效率。

當你要出門約會時，將一些護膚品均勻地塗抹在臉上，化上精美的淡妝，換上一身得體的服裝，噴上你最近喜歡的香水，一番精緻的打扮，換來了自信陽光的內心和一次絕佳的約會體驗。

製造一項意想不到的驚喜、幫每一座山取一個好聽的名字、寄一封信給遠方的朋友……，儀式感是一種生活態度，讓我們無趣的生活變得不再枯燥。

2020 年初，新冠肺炎疫情席捲全球，我不得不在家多待上幾個月，少了很多工作和社交，讓我可以感受慢節奏的生活。在家時，母親每天都張羅一桌子的飯菜，清炒茄子、

燉黃花魚、辣子雞、糖醋排骨、紅燒鯉魚、涼拌黃瓜、油燜大蝦……，每天換一個花樣，一家三口四菜一湯，有貓有狗喜樂洋洋，這讓我感受了出門在外吃外賣時永遠也沒有的溫暖，哪怕在五星級酒店，也享受不到家人陪著吃飯帶給人的歸屬感和儀式感。

慢慢的我領會到，人間之美在飯菜之間，在最平淡質樸的情感裡。人生的本質、幸福的本源在於享受親友相處的樂趣。每日在外漂泊，努力賺錢、實現績效，忙忙碌碌回過頭才會發現，幸福就在不遠處。

人這一生當中，最令我們動容的，就是那些日常裡清淡的歡愉。

我們應該撥開包裹生活的網，去精心準備一粥一飯，去欣賞一花一木的凋零與盛開、一朵潔白的雲、一泓甘洌的清泉……

 ## 30 天的約定

前陣子，有一部韓國短片刷爆了我的朋友圈，名為《30 天的約定》，短片裡描繪的畫面，打動了許許多多的人，被稱為「韓國年度最佳短片」。

短片中的男女主角，原本是一對恩愛的夫妻，但耐不住

時光飛逝，激情已去，和大多數家庭一樣，生活歸於平淡，只剩下柴米油鹽。面對這種局面，男主角想了很久，提出離婚，他對女主角說：「我們離婚吧！我們都不幸福，不是嗎？」

女主角聽後也想了很久，第二天答應了他，並且提出了一個請求：在最後的 30 天裡，男主角要完成她提出的要求。儘管男主角不是很樂意，但是在女主角的強烈要求下，他心想反正 30 天後就可以結束了，於是只好答應。在這之後的 30 天裡，女主角反覆提出了很多要求：上班前抱她一下再走、睡覺前說我愛你、早上醒來親她一下、逛街時牽她的手……

丈夫一開始很扭捏，牽手時很生硬，就這樣過了 15 天，男主角已經開始習慣這些生活的儀式感。30 天後，男主角忽然發現，自己又感受到了她對自己的關愛，是自己一直以來都把這份愛當作理所當然，他們再一次感受到了沉甸甸的愛，從未消退。

短片中的主角，何嘗不是我們生活的影子？我們太容易忽視身邊的愛，總覺得他們本該就存在，而儀式就是愛的外在形式，它讓愛有所表達，讓我們都有所依靠。它能喚醒我們心中的愛意，能夠將愛緊緊捆綁在你我之間。

生活需要儀式感，就如王小波所說：「一個人只擁有此

生此世是不夠的，他還應該擁有詩意的世界。」

花一些時間，實現一個浪漫的夢想，做出一些大膽的決定，每一天都要用心好好去生活，用儀式感拯救生活中的無趣和空虛。

3

依賴型人格的自我蛻變

　　也許是因為童年時期的經歷，也許是因為自我認知的障礙，有很多人在處理人情世故上，總是依賴別人，我們把這種性格稱作「**依賴型人格**」。多數人給這類人貼上不懂事、不成熟的標籤，但「依賴」這件事比我們認知的更複雜。

　　導致這種性格的原因，其中一大部分來自成長環境，自己喜歡依賴別人，是因為早年時期過度溺愛或者缺愛。被溺愛長大的孩子，萬事都想讓別人幫忙，小時候一直生活在溫室，成年後不得不獨自面臨社會時，往往無法適應。

　　缺愛長大的孩子，他們不是不成熟，而是成熟得太早，五、六歲就懂得體諒大人的痛苦和難處，從小就很懂事，但是在內心深處，他們是渴望被呵護的，長大後依舊喜歡付出，以此來換回愛，容易患得患失，沒有安全感。

　　在人的一生中，會對父母、親人、朋友、戀人產生依戀情結，這種依戀可以分為**安全型依戀、回避型依戀、矛盾型依戀**三種。

安全型依戀

嬰兒時期，餓了就有人餵奶，哭了就被抱起照顧，對父母比較信任。成年後，對他人有信任感，對待另一半時不會疑神疑鬼，在與人相處時具有安全感。

回避型依戀

嬰兒時期，父母對自己的訴求冷漠，忽冷忽熱，沒有及時給予回饋。成年後，性格冷漠獨立，對待情感態度平淡，不會依賴他人，同理心較差，拒絕過於親密的人際關係。

矛盾型依戀

一方面渴望得到父母的愛，另一方面對於父母的親近又會選擇回避。明明非常喜歡你，但是當發現你開始喜歡自己的時候，就不再喜歡你了。這種矛盾糾結的心理是比較痛苦的，他們常常帶有焦慮感和不安全感，難以恰當保持親密關係，患得患失。

簡單來說，回避型依戀和矛盾型依戀都是不健康的人格特徵，帶有這種類型特點的人，在人群中不占少數。在心理學研究中，沒有哪一個人是絕對的某一種依戀人格，而是一

個綜合體，大多數人或多或少都帶有一些問題。

我們肯定希望自己能夠做自己，成為一個自信、陽光的人，但是很遺憾的是，早年愛的缺失對於我們的人生來說是無法彌補的，那種每一根毛孔都散發出自信的人，不是學出來的，我們只能盡力而為，一方面適應自己的性格，一方面擺脫性格中的弱點。

適度依賴能夠讓我們走得更近

願意依賴別人的人，對待感情會更專一，儘管往往是那個最容易受傷害的人，所以彼此依賴的情侶才更容易白頭偕老。

現在媒體喜歡鼓吹獨立，但有時過於獨立的人顯得人情味淡薄。如果你喜歡依賴別人，這並不完全是一件壞事情，美國心理學家伯恩斯坦在《關係》一書中表示：適度依賴是一種安全的依戀關係，能夠讓人們走得更近；過度依賴會讓人感到焦慮、缺乏安全感；回避依賴又會使人變得冷淡。

所以保持在一定安全範圍內的依賴，是人與人之間情感的昇華，掌握這個尺度，又要有自己的生活和空間，在依賴中加深感情，在成就自我中給予他人依靠。

找回自我，擺脫過度情感依賴

有些人在處理感情問題時，容易陷入情感焦慮，比如我的一個朋友，她的精力老是放在男友身上，為男友付出了很多，有時男友離開一段時間，不即時回覆她消息，她就表現得焦慮，瘋狂地打電話、發訊息，因為過度依賴，他們的愛情最終走向了分手。她男友說不是不愛她，只是和她相處很累。

心裡明明知道很愛對方，不想傷害對方，把這一切歸結為在乎對方，實際上卻是在乎自己怕失去安全感。所以就有人說，過度依賴的人總是想得太多、占有欲太強。

我認為，首先我們不能把愛情看得那麼重，愛情不是生活的全部，我們還有工作、愛好、親友，給愛情留出空間，才能喘得過氣；其次是要看重自己，自己是父母的心頭肉，卻在別人面前如此卑微，這樣有愧於父母。

感情需要依賴，更需要輕鬆愉快，人應該要灑脫一些，是你的不必留，不是你的留不住，保持矜持，才能守住高貴。

自信來自一次次成功的積累

幫自己做一個手帳本，記錄別人口中自己的優點和缺點，記錄每一次你成功的案例，把自己認為有收穫的事情、獲得成長的事情記錄下來，不斷提醒自己找到自信。

當你開始嘗試找到自己的長處，靠自己解決當下的一些問題時，才能獲得成長。當一個人知道自己並非一無是處，利用自身優勢來處理瑣事，對別人的依賴感就會明顯下降，也就不會把未來寄託在別人身上。自信不是說出來的，它是把一次次成功的案例刻在心裡。

遇到難題，試著自己去解決，一心想著依賴別人，最終迷失了自己，找到自己的定位和優勢，讓一次次親身嘗試，成為突破自我的墊腳石。

學會做一個「惡人」

心理學顯示，依賴型人格的人多半內向，做事盡量避免與別人發生衝突，喜歡順從別人的意願。性格溫順、不善拒絕、擔心傷害到別人，遇到問題首先想到的是如何逃避、擺脫現狀，歸根結柢，依賴型人格的人心太軟且敏感。

你可以學著讓自己狠心一點，這個弱肉強食、欺軟怕硬

的社會，強勢的人總是占盡上風，善良溫順的人卻被當作「老好人」。

實際上，爭取屬於自己的利益，不讓自己受委屈並沒有錯，別擔心拒絕別人會導致關係變差，自己不喜歡做的事，別委屈自己來順應別人，每一個人都不是聖母，堅持自己的立場，是我們存活於世的尊嚴，無愧於心地做個「惡人」，你才能感受到自由。

找到適合自己的圈子和事業

有一個很現實的問題，就是錢和人際關係，我絕不會道貌岸然地跟你說要自立自強、改變自我、適應社會、努力生活。

對於事業心很強的人來說，他們願意不怕艱難，奮力工作，但是這不意味著每一個人都喜歡奮鬥，都能忍受老闆的數落和長工時的生活方式。

對於依賴型人格的人而言，遇到問題喜歡求助援軍，但跟人打交道又難以適應，那麼就可以選擇一些安靜的工作，比如編輯、科學研究、教師、檔案管理……等，這些職業圈子相對單純、安逸。

不要被社會成功學所蒙蔽，不要因為自己沒有賺到大錢

就感到自卑，每個人都有自己的活法，找到適合自己的圈子更重要。

👤 與孤獨和平共處

一個人吃飯、一個人旅行、一個人看電影……，這些對你而言是難以忍受還是一種自由？很多時候，我們不愛獨自做一些事，害怕孤獨，可是現實在於很難時時刻刻有你喜歡的人陪在身邊，孤獨是一種常態，不如與它和平共處。

享受孤獨的人，有自己的小世界，他們沉迷於閱讀、繪畫、攝影、追劇……，可以看得出來，愛好廣泛的人往往樂於獨處，即使一個人也能過得很充實。

培養自己的愛好，並且建立自己的精神世界，有時從人群裡走出來陪陪自己，有時陪別人走走，總之你應該學著內心充盈，培養獨處的能力。

👤 用自己的方式來宣洩壓力

依賴型人格在性格上偏內向，缺乏安全感，所喜歡的往往是安靜的活動，可能會缺乏運動導致精神萎靡。

科學研究顯示，透過運動的方式刺激大腦皮層，產生多

巴胺舒緩壓力,並且強身健體、增加自信心;或者外出郊遊、旅行,呼吸新鮮空氣,開闊自己的視野,觀賞更廣闊的世界,這樣能讓人內心平靜、遇事不亂,培養出更強大的內心。

避免一個人憋在狹小昏暗的空間,長期待在一個小屋子裡,會引起憂鬱情緒,出門見見陽光,才能讓人變得陽光向上。

成年人的世界裡,壓力是必然的,你需要找到自己喜歡的紓壓方式。

4

怎麼保存戀愛中的新鮮感？

曾經有人問過我，最難以接受的分手理由是什麼？

我說，沒感覺了。

兩個人戀愛一時興起，但日久天長終歸會趨於平淡，於是有的人像孩子一般，三分鐘熱度過後就把對方拋諸腦後，尋找新的刺激和新鮮感，這樣的人就是面對愛情手足無措的巨嬰。

你身邊有沒有這樣的例子，兩個人好不容易相遇，熱火朝天享受激情和熱戀，開始瘋狂地黏在一起，電話講到深夜也不願掛掉，但是沒過兩個月激情退去，通訊軟體也聊得愈來愈少，最終不歡而散。

快節奏的時代，我們的愛情總是來也匆匆去也匆匆，一邊羨慕著可以長久在一起的情侶們，又一邊談著速食戀愛。這裡面有著你我均不可推卸的責任，如果你多次沒能談一場長久的戀愛，你可能缺乏愛的能力。

愛人是一種能力，它需要長遠地看待一段關係，而不僅

僅是追求一時的興奮和刺激，愛一個人，需要考慮彼此的將來。一個成熟的人談一段戀愛，是需要考慮未來的關係和發展的，很多人頻繁的談戀愛，他可能沒有認識到自己真正需要什麼樣的伴侶，或者心裡很明白──僅僅是玩玩而已。

兩個人如果是因為新鮮感結合在一起，那麼往往會隨著新鮮感的日益寡淡而分手。

兩個人長久的發展一定是需要計畫未來的，判斷一個人是否真的愛你，就得看他計畫的未來裡有沒有你。兩個人戀愛一起規劃未來，或是一起去城市發展，或是存錢買房子，或是幾年後結婚，或是一起養一條狗……，這些計畫就是兩個人共同目標的表現，有了目標生活才能看得見未來，才能向前發展。

木心說：「從前車馬很慢，書信很遠，一生只夠愛一人。」從認識一個人到瞭解再到熟悉，最終走向愛情是一個過程，你知道愛情裡最美的是什麼嗎？

愛情裡有個曖昧期，兩個人互相有了好感，但是誰也不說透，互相猜測暗示。對方的一個眼神或一句話，就能讓你內心澎湃，這種感覺像是蒙在我們面前的紗布，迷幻迷離令人難忘，這是愛情最美的時刻。但是現在人喜歡認識後立馬戀愛，雙方甚至都不瞭解彼此，沒有沉澱感情，只靠激情並無法滿足長久的戀愛。

所以要學會延長曖昧期，延長戀愛過程，愈快速的戀愛，意味著愈快速地凋零。

愛情可以不是轟轟烈烈的，但一定得是細水長流的。一個人從認識到相愛，至少要有三個月到半年的相處和瞭解，才能給彼此心靈留下深刻的烙印，這是我們去講愛情新鮮感的前提。

提起戀愛過程中的新鮮感，大多數人都會想到過節送一些小禮品、重視對方的生日、偶爾製造一些小浪漫、一起籌畫一次旅行、一起分享自己新的看法……，這些都會讓我們單調平淡的生活變得有情趣。

有句流行語說：「**一輩子很長，要和有趣的人在一起。**」每個人都不是無趣的人，只是看你有沒有用心去經營，世界上所有的感情都是需要經營的，為自己喜歡的人去做一些甜蜜的事，才能有發自心底的欣喜和感動。所以，愛情需要一些儀式感，來讓我們的生活更充實。

有了這些小浪漫其實還不夠，最重要的是雙方要有共同的愛好。比如兩個人都熱愛旅行，那麼旅行才有意義；兩個人都愛看電影，去電影院才足夠浪漫。有的人不懂你製造的浪漫，這樣也很難合拍，所以選擇聊得來的人很重要，選擇笑點一樣的人會更幸福。所以情侶之間要不斷挖掘對方的喜好，嘗試新鮮事物，不能日復一日地虛度光陰。

　　一起體驗高空彈跳、一起嘗試跳傘、一起拍 Vlog 記錄日常、一起逛 IKEA 裝飾房間、一起騎車郊遊、一起讀一本書、一起去露營吃燒烤、一起吃遍各地美食、一起學一項技能、一起玩遊戲、一起釣魚遛鳥、一起養花種草、一起健身游泳……，真正相愛的人，就是從一個人玩到兩個人的過程。

　　因此我們來看，愛情的新鮮感要有意料之外的驚喜，對未知的探索，對彼此的深入交流。在平淡的生活裡製造意想不到的驚喜，不斷嘗試新事物，兩個人一起經歷一些事，走進彼此的內心，才能讓這種親密關係變得獨一無二、無可替代。

　　《親密關係》中寫道：「兩個人陷入愛河，真正的原因是雙方在某種程度上，滿足了對方的需求。」愛情的需求包括了肉欲的、精神的或是心靈的滿足和寄託。

　　而這些缺一不可，如果只是因為長得好看在一起，可能遇到更好看的就分手了。而精神寄託卻不會，人類本能地寄託一些事物來滿足自己的安全感，沒有人完全沒有寄託，相愛的兩個人成為彼此的精神寄託，才能讓愛永恆。

　　很多人強調不要過度依賴伴侶，只是不要過度，伴侶之間不能完全獨立，而是達成一種互相寄託、互相依賴的關係，一種相依為命的狀態，愛情才能不斷地蓬發生機。

　　《人生果實》是我最喜歡的紀錄片之一，紀錄片中描繪了日本一對老夫婦的甜蜜日常生活，從中我們可以探尋愛情使人相扶到老的奧祕。

　　影片中，建築師津端修一在林間設計了一棟紅色屋頂的木質住宅，儘管已經高齡 90 歲了，但是他刻意保留了家裡的臺階，為的是能夠在生活中保持鍛鍊，家事也總是親力親為。

　　他自己做年糕、騎單車去寄東西、毫不費力地登上梯子摘核桃，他的妻子英子也已 87 歲，有點駝背，英子每天變著花樣做飯。修一喜歡日式早餐，英子喜歡西式早餐，面對夫妻二人不同的愛好，英子每天會準備兩份早餐。修一偏愛用木勺，英子喜歡金屬勺，那就準備不同的餐具，儘管他們有著不同的喜好，卻彼此包容理解。

　　修一和英子在庭院裡種了 70 種蔬菜和 50 種水果，完全可以自給自足。英子每天耐心地製作各種複雜的料理，還會精心地擺盤，製作草莓蛋糕、桃子蜜餞、布丁、櫻桃優酪乳……等等。

　　從烤箱裡拿出做好的布丁，兩人一起分食，聽到丈夫品嘗布丁時對自己滿意的誇讚，英子會流露出難以掩飾的喜悅。有些食物可飽胃，有些食物則會暖人心，他們的生活每天都是新的，每天也都很用心地過，老兩口的相處真是

甜甜的。

不幹活的時候，修一先生就在他的小書房寫信，寫信給老朋友們，還寫信給菜市場的賣魚小夥子，鼓勵對方要好好經營。修一在每封信都會畫上自己和英子的插畫，旁邊寫著：87 + 90 = 177，這是兩個人的年齡。

儘管兩人生活拮据，沒有存款和保險，靠著修一的退休金生活，他們就是普通人，但是他們的故事卻告訴我們，衰老並不可怕，有人陪你慢慢變老，是一件很美好的事。濃烈的愛變得如水般清淡，融入一粥一飯之間。閒時的幾句笑語，忙時的互不打擾，在平淡中找到生活樂趣並細細品味，才能感到愛情的綿長。

修一和英子在年輕的時候相遇、結婚，甚至沒有舉行婚禮，但他們卻相伴了一生。有共同的價值觀，懂得欣賞彼此的優點，讓他們得以在歲月洗禮中互相擁抱取暖。英子從小就嚮往田園生活，修一先生的建築主張以人為本，尊重自然，兩人不謀而合。

在他們年輕的時候，修一先生的月薪只有 4 萬日元，可是他卻想買一艘 70 萬日元的帆船。為了能夠幫丈夫籌錢買船，英子當掉了自己所有的首飾，也當掉了娘家幫自己買的多份保險，修一先生對此並不知情。儘管資金緊張，他們還是開著帆船，開始了在海上的旅行。

　　長久的情感需要相互的付出。修一承擔了家裡主要的經濟來源和體力勞動，英子也會為完成丈夫心願賣掉自己的家當，每天打理庭院，用各種食材做出好吃的東西。即便兩個人有不同的喜好，但都會彼此包容，這是他們的相似之處。

　　我們該如何維繫一生的感情呢？《人生果實》中的津端修一夫婦並沒有萬貫家財，也沒有刻意地追求物質生活。就像英子所說，他們沒有留下任何錢財給後代，但是他們留下了一片肥沃的土地給孫女。既然選擇了一個人，就將日子好好地過下去吧！不畏將來，不念過去，全心全意地相愛，然後白頭偕老。

　　這部紀錄片告訴我們，和而不同，彼此磨合包容，生活有趣且充實，是愛情保鮮祕笈。除此之外，有一點需要格外強調：**戀愛切忌用力過猛**。

　　人生而不同，也無須面對愛情就改變自我、違背本性，所以盡量不要試圖改變自己的伴侶，你可以去磨合、去影響，並且尊重對方的生活方式，但不能強制改變。

　　你需要有自己的時間和圈子，給彼此自由的空間，愛情不是生活的全部，有的女生談了戀愛後，與朋友聯繫愈來愈少，把全部精力用在戀人身上，變得特別黏人，這樣只會讓這段感情變得複雜疲累。

　　愛一個人，不是約束和控制，而是包容和信任。我們

應該用平常心去戀愛，不可用力過猛，至少拿出 50％ 的時間去做自己的事，和朋友玩耍、提高自己的技能、培養愛好⋯⋯

　　愛情愈平常，一次驚喜就顯得浪漫；愛情愈簡單，一次深入就顯得情誼濃厚。小別幾日不見，重逢時才會勝似新婚。

5

為什麼愈來愈多的女性不願意結婚了？

你敢不敢一輩子不結婚？

根據調查發現，不婚族愈來愈多，當代年輕人進入了低欲望狀態，伴隨而來的是愈來愈不願意結婚了。究其原因，是因為人們對婚姻的本質有了不同的理解：婚姻不是我們的本能需求，它不是愛情、不是欲望、不是吃飯睡覺，它只是一種社會的人際關係。

婚姻是種族繁衍和社會發展的產物，它並不等於愛情，就好比現在流行的一句話：「婚姻不是兩個人的事，是兩個家庭的事。」但是 21 世紀的人們自我意識和獨立意識愈來愈強，人們的思想會出現這些變化：

1. 當女性的經濟可以獨立，不需要兩個人一起才可以生活下去時，女性開始不依賴男性去生活。

2. 人們更愛自己，不願意將就著過日子，想要找到一個志同道合的伴侶，然而愛情本身就是可遇不可求，人們對生活品質的要求變得更高，婚姻就愈難

以將就。

3. 社會壓力增大，隨著社會節奏加快，每個人都很忙碌，忙著賺錢、還房貸、提升自己，一旦鬆懈就可能被時代淘汰。快節奏的生活，加重了重新瞭解一個人的成本，很多人都不願再去找一段新的感情重新磨合。

4. 當選擇愈多，人們就愈無法選擇。人口流動大，使得城市聚集了大量的外來人口，每天都能遇到不同的人，他們都會認為以後會遇到更好的，或者等自己變得更好，才能遇到更好的，於是一直拖下去。

老一輩人的婚姻目的樸實而明確：一起過日子，然後繁育後代，他們更多的是受傳統思想影響，到了該結婚的年紀，既然都要結婚，就找個差不多的結吧！於是不管合不合適，甚至沒見過面就訂婚，之後生米煮成熟飯，兩個人再慢慢磨合，磨合好了就好好生活，磨合不好也得裝作好好生活。

在生活中，我發現許多中年夫妻兩個人的性格會有一強一弱，才能達到一個平衡，大多數是女性強、男性弱，而如果男性在家中經濟地位比較高的話，就會是男強女弱，達成平衡後生活平穩繼續，如果兩個都很強勢的人在一起，往往爭吵不斷。

　　老一輩人往往會告訴你一個過來人的經驗：「要什麼愛情不愛情，兩個人慢慢磨合就好了，你看我跟你爸，這麼多年過來不也挺好的？」

　　可是時代在變，思想也在變，當代人大多不願意將就，70 年代的人有窩窩頭吃就會幸福，有個人結婚就是幸福。現在人們在飲食上要營養均衡，在房子上要裝修精美，在衣服上要時尚潮流，交朋友也處於得看三觀，圈子不同不必強融，當然不會在婚姻上不做要求。

　　用當今社會的婚戀觀來看，對婚姻的不重視，也是對自己的不負責任，這是時代的必然產物，拿過去的經驗看現在，已經不合時宜了。

　　「我們為什麼要結婚？」這是一個哲學問題，所以往往受過高等教育的人才會質疑，才會反思，才會給出不同的答案。

　　所以現在選擇做頂客族和不婚族的人群中，高級知識分子和經濟條件較好的人比重會更大，他們做出這種決定是經過深思熟慮，認為這是適合自己的道路。

　　在中國的農耕文化中，一直將結婚說成「終身大事」，不為別的，就是為了傳宗接代，擴大勞動力，一個家族人愈多就愈旺盛，種的田地也就更多。

　　而我們現在看來，婚姻漸漸變成一種生活方式，可以選

擇結婚，也可以選擇不婚，它變得不是那麼必要，並不是一個人非結婚不可。

　　新時代婚姻的本質變成兩個成年人願意共同生活、分享生活，彼此陪伴和照顧的約定。這種關係是建立在平等、自由、互助上的，而不再是為了性的合法化，也不再是為了傳宗接代，更不再是為了將就過日子。

　　在等到這麼一個人出現之前，可以選擇不結婚，這是一個人最基本的自由，也可以在等到這個人來臨的時候，選擇不結婚、不登記的方式陪伴一生。

　　我們看過太多婚姻的不幸，知道家家都有本難念的經，當然更多的是家庭和諧幸福美滿，人們開始慎重考慮婚姻的時候，才是真正對自己人生的負責。

　　我並不是在鼓吹大家不要結婚，而是在強調盲目地走進婚姻可能會給自己的人生帶來不幸，每一個人都有選擇自己結婚或者不結婚的自由，這不是父母之命，更非媒妁之言，而是自己對自己人生的一次重大抉擇。

6

打扮成自己喜歡的樣子

打扮成自己喜歡的樣子

經常有人好奇地問：「為什麼搞藝術的男生喜歡留長頭髮？」

藝術和科學不同，科學是對真理的探索，而藝術是對美的追求。並不是說長髮一定比短髮好看，而是搞藝術的人思想更為開放，對美的理解更加與眾不同，他們不僅僅是長髮，在穿著打扮上都比普通人講究。

藝術家們性格隨性灑脫，崇尚自由，圈子裡藝術氛圍濃厚，再加上很多藝術家都是自由職業者，少了同事主管的閒言閒語，就更加有條件做自己了。

久而久之，人們把留長髮、留鬍、有個性、前衛的標籤貼給了藝術家，一旦在路上看到一個男生留長髮，第一印象想到的就是搞藝術的。然而隨著人們思想的開放，人們意識

到每個人都有打扮成自己喜歡的樣子的權利，走在街頭上，型男靚女們打扮時尚個性，充滿了青春的氣息。

我認識一個一直渴望留木村拓哉一樣長髮的男生，高中時由於學校不允許，到了大學終於有機會實現這個小夢想，但在蓄髮過程中，也是受到各種壓力。班級同學拿他的頭髮開玩笑，鄰居大媽旁敲側擊，父母極力反對。

他老媽不只一次這樣說他：「你這個髮型會讓親戚朋友怎麼想？不怕別人笑話？畢業了工作，主管不得以為你有毛病啊？趕緊去剪了，剪了多乾淨俐落！」

在那個男生留長髮的那段時間裡，沒有人在乎他適合什麼樣的髮型，沒有人問過他喜歡什麼樣的髮型，大部分的人都在關心大眾喜歡什麼髮型，必須和大眾保持步調一致，才算是個好學生。

仔細想想，中國五千年歷史，男生一直都是留長髮，後來學習近代的西方思想，才剪掉了辮子。如果說批評這位同學的父母思想傳統守舊，那男生留長髮本身就合乎傳統。他們之所以反對男生留長髮，不是因為遵循傳統，而是思想上的狹隘和偏見，不允許自己的孩子有個性，因此人云亦云，沒有獨立的思想和見解。

我一直認為，我們的髮型也好，穿著也好，首飾也好，不是員工取悅主管、孩子取悅父母、學生取悅老師、女人

取悅男人的工具，而是你自己感到舒服，符合自己的審美標準。

扼殺學生個性，就是在打擊學生的創造力

前幾年有一則新聞，發生在某一所中學，13 歲的女生張悅因為不符合學校短髮要求，一個月裡被批評三次剪髮「不夠規矩」。她在被趕出學校後，在家喝下了滅白蛾用的農藥自殺，一場頭髮的風波，奪走了一個少女鮮活的生命。

80、90 後，上學時期必定遇過學校強制規定學生的穿著髮型，男生只能留三分頭，有的要求女生裙子過膝、不能化妝、不能戴首飾、頭髮不過肩、不允許燙染⋯⋯，還有一些班導師拿剪刀把學生的頭髮剪得七零八碎，這些看似為學生好的規定，其實也剝奪了學生們的基本權利。

2019 年 3 月，某中學嚴查學生露腳踝，聲稱不能為了時髦丟了健康。這個事件在網路上引起熱議，網友們紛紛吐槽這個學校抹殺學生個性的行為。不是說醫療機構紛紛闢謠，露腳踝並不會危害到學生的健康，就是說學校主管到底是為了學生的健康著想，還是僅僅看不慣學生的個性，無法理解在這個多元化的世界學生對美的追求。所謂的軍事化管理，只是為了想要將學生管制成自己喜歡的樣子。

　　如果說是為了學生的學習著想，這也是一件極其本末倒置的事情，學習不僅僅是一份考卷，還包括了審美能力、社交能力、創造能力……，而扼殺學生個性，恰恰就是在打擊學生的創造力，這樣容易成為只會考試高分的低能書呆子。

擁有自信的芬芳

　　在一些農村有一個很有意思的現象，哪家的婦女穿了一件稍微鮮亮的衣裳，就會引來別人背地裡的嘲諷，為了避免別人笑話，她們寧可捨棄那件心儀的衣服，換成保守老舊的衣服。在那個充滿偏見的環境下，她們只能選擇妥協，做自己成了一件只能在心裡想想的事。

　　生活中的偏見無處不在，認為紋身、穿耳洞的男人都是痞子，穿著前衛的女性作風不好，打扮時尚潮流的學生都是壞孩子，這些對人標籤化、刻板化的印象，蒙蔽了人們的雙眼，正是這些簡單刻板、將人劃分的觀念，帶給世人種種歧視。

　　我們的穿著打扮不是為了取悅所有人，當你穿得保守時會被說成老土，當你穿得時尚時有人會說你假掰，還不如就打扮成你喜歡的樣子，不需要人人誇讚。你的美麗不需要別人的眼光去定義，美麗的是你的自信和你的靈魂，沒有人可

以用一個外在的標籤去評定誰，所以不要用帶有偏見的社會規則去改變原本的你。

在人際社交中，有許許多多的誤解和衝突，很多時候人們偽裝自己，甚至欺騙自己，來贏得大眾的認同，希望藉此融入群體。在個性解放、思想開放的今天，我始終吶喊：成為你自己，無須取悅任何人，當你開始選擇自己喜歡的打扮、物品、生活方式時，你才能擁有自信的芬芳，引得全世界都來取悅你。

7
不畏艱難，要成為自己的女神

　　在自媒體上經常看到類似的文章：女人需要自我更新，不斷提升自己，如果止步不前，很有可能就會被社會所淘汰，一個女人如果不能經濟獨立，就可能會成為婚姻的犧牲品。

　　就像電視劇《我的前半生》中羅子君的處境，自己做了家庭主婦，在家裡疑神疑鬼，和丈夫沒有了共同語言，這時小三乘虛而入，破壞了原本看似和美的家庭。

　　這類觀點我是認可的，但女人的努力生活，絕不是為了取悅男人。現實中可能沒有電視劇或者小說筆下那樣理想，有很多女人即使減肥、打扮、工作、賺錢，在情感方面依舊得不到滿足。也有可能步入了不幸福的婚姻，現實不是韓劇，生活充滿無奈，也許再怎麼努力，也無法擁有很好的氣質。

　　即使你貌美如花，人也會老，心也會變，女人精緻的生活不僅僅是為了留住男人，更重要的是對自己生活的追求。

如果你是為了不被拋棄而努力，那麼顯然你依舊擺脫不了依賴男人的觀念。從今天開始為自己而努力，因為無論你依賴誰，都難以獲得真正的安全感。

女人為什麼要為了討好男人而活著呢？你的確需要努力，然而你的努力僅僅只是你想要成為更好的自己，而不是為了別人而努力，如果僅僅是為了配得上誰，這樣的生活實在太累。

女人的堅強和男人不同，男人的堅強是剛硬，女人的堅強像流水，柔軟卻川流不息，是用瘦弱的肩膀扛起家庭的負擔，累到滿頭大汗依然轉頭給你一個微笑；是用心地練習廚藝，做一桌好菜看家人饞出了口水時欣慰的眼神；是優雅地學習一門手藝，將家裡布置得井井有條。

都說女人是水做的，水利萬物而不爭，一位女人的優雅，不是撒嬌賣萌，而是堅毅中帶有慈愛，不卑不亢中帶有韌性。而這些，比幾千元的護膚品塗在臉上更有價值。

如果一個男人選擇女人時，只看女人的美貌，以後他可能找到一個更年輕漂亮的新女友，臉蛋光滑，身材曼妙，這時女人拿什麼挽回支離破碎的婚姻？

用孩子的幸福？用多年的感情？自己那麼多年的付出？我把我的青春、我的一切都給了你，你怎麼可以這樣？這個時候說什麼都已為時過晚。

當一個女人為了一個男人而活的時候，她總會說：我為了你如何如何……。可生活並不是付出就一定可以得到回報。如果你用心優雅地做自己，拿出女性的柔韌和堅強，當他離開你時，或許是找到了一個更好看的臉蛋，但失去的是一位優雅富足的好妻子，他的離開恰恰給了你新生。

人一定得為自己而活。

女人為了討好男人去讓自己變得更好，就要按照他想要的樣子去改變，他想讓你美麗，你就去保養；他想讓你身材好，你就去健身；他想要性福，你就去學習技巧。但這樣你無法真正得到自己內心和精神上的滿足，你跟著他的腳步走走停停，卻最終沒有成為獨立的自己。

你要為了你自己的內心去努力，去做自己喜歡的事。你要去旅行，開闊眼界；你要不斷地學習，為了自己的心境和品味；你要去工作，要用自己賺的錢買自己想要的東西；你要去社交，有自己的人脈圈子；你要有自己的精神家園，這樣你就不會活在誰的陰影下。

這樣你無論失去誰都能過活，這樣當你遇到渣男背叛的時候，不是哭哭啼啼卑微地挽留，而是輕鬆地尋找下一份幸福。

當代的婚姻方式不再穩如磐石，離婚率持續走高，娛樂圈中文章出軌、王寶強被戴綠帽、李小璐出軌……，有多少

原本令人羨慕的愛情，能禁得起考驗呢？

這個時代，人人可以大膽地去愛，也可以肆無忌憚地分手，每個都要靠自己的雙手去為明天打拚，不會再有人因為你是女人就給你多一些關愛，不會因為你是弱者就對你憐憫。

我認識一個離異的女子，獨自帶著孩子沒有再婚，世人無法理解她為什麼不再找一個男人，她笑世人不瞭解她的生活。我問她是不是因為那次離異，就不再相信愛情了？她說不是，她說世界上美好的事情太多，以前她僅僅只知道愛情一個，她為了愛情去完善自己，去追逐，去落淚，去費盡心機。

有一次她看了電影《忠犬小八》，劇情讓她淚流滿面，原來人與動物的感情也可以那麼真摯。後來她去拉薩朝聖，發現信仰可以帶給她無窮無盡的力量。

她每天幫女兒做一頓不一樣的早點，給她烹飪各種糕點，在校門口吻一下她的額頭，她都會被自己感動得淚流滿面。生活中美妙的事太多了，只是當初被愛情蒙蔽了雙眼。

當她不再僅僅為了愛情活著，不再為了成為男人的愛寵而費盡心機，她變得豁達爽朗，她的生活開始充實，而這次不是為了任何人，她依舊相信愛情，只不過這一次她要善待自己，相信愛情不久將會不約而至。

　　沒有什麼比做自己更加讓人心曠神怡的事，不為任何人，不成為任何人想要的樣子，只為這輩子問心無愧，僅此而已。如果有人願陪你顛沛流離，最好；如果沒有，你要做自己的太陽，你可以沒有男神，但你要成為自己的女神。

富蘭克林效應

沿用 200 多年，簡單又耐用的人際關係法則
好人脈都是麻煩出來的，幫過你的人，比你幫過的人，更願意再幫你！

作　　　者／陳允皓
美 術 編 輯／孤獨船長工作室
執 行 編 輯／許典春
企劃選書人／賈俊國

總　編　輯／賈俊國
副 總 編 輯／蘇士尹
編　　　輯／黃欣
行 銷 企 畫／張莉滎‧蕭羽猜‧溫于閎

發　行　人／何飛鵬
法 律 顧 問／元禾法律事務所王子文律師
出　　　版／布克文化出版事業部
　　　　　　臺北市中山區民生東路二段 141 號 8 樓
　　　　　　電話：(02)2500-7008 傳真：(02)2502-7676
　　　　　　Email：sbooker.service@cite.com.tw
發　　　行／英屬蓋曼群島商家庭傳媒股份有限公司城邦分公司
　　　　　　臺北市中山區民生東路二段 141 號 2 樓
　　　　　　書虫客服服務專線：(02)2500-7718；2500-7719
　　　　　　24 小時傳真專線：(02)2500-1990；2500-1991
　　　　　　劃撥帳號：19863813；戶名：書虫股份有限公司
　　　　　　讀者服務信箱：service@readingclub.com.tw
香港發行所／城邦（香港）出版集團有限公司
　　　　　　香港九龍九龍城土瓜灣道 86 號順聯工業大廈 6 樓 A 室
　　　　　　電話：+852-2508-6231　傳真：+852-2578-9337
　　　　　　Email：hkcite@biznetvigator.com
馬新發行所／城邦（馬新）出版集團 Cité (M) Sdn.Bhd.
　　　　　　41，JalanRadinAnum，BandarBaruSriPetaling，
　　　　　　57000KualaLumpur，Malaysia
　　　　　　電話：+603-9057-8822 傳真：+603-9057-6622
　　　　　　Email：cite@cite.com.my
印　　　刷／韋懋實業有限公司
初　　　版／2023 年 12 月
定　　　價／380 元
Ｉ Ｓ Ｂ Ｎ／978-626-7337-90-5
Ｅ Ｉ Ｓ Ｂ Ｎ／9786267337899(EPUB)

原書名：《富蘭克林效應》
作者：陳允皓
本書繁體版由四川一覽文化傳播廣告有限公司代理，經中南博集天卷文化傳媒有限公司授權出版

城邦讀書花園　布克文化
www.cite.com.tw　WWW.SBOOKER.COM.TW